Richard Wall/Mühlen, Mägde und Rebellen

Zur Erinnerung an deine Volksschulzeit!

Marianne Lehner

Monika Putinupo

Karin Kastner

Bgm. [unleserlich]

Richard Wall

Mühlen, Mägde und Rebellen

Geschichte und Geschichten aus dem Gusental
Alberndorf, Altenberg, Engerwitzdorf, Gallneukirchen,
Katsdorf, Unterweitersdorf

Mit Illustrationen von Christoph Raffetseder

**EDITION
GESCHICHTE
DER HEIMAT**

ISBN-13: 978-3-902427-37-3
Copyright © 2007 bei Buchverlag Franz Steinmaßl, A-4264 Grünbach,
www.geschichte-heimat.at
Alle Rechte vorbehalten, Nachdruck, auch auszugsweise, nur mit schriftlicher
Genehmigung des Verlegers gestattet.
Umschlaggestaltung und Illustrationen: Christoph Raffetseder, Gallneukirchen.
Satz: margot.haag@pixeline.at

Teil I

Wie es begann 11
Alte Schriften 11
Alte Namen 15
Geschichte und Geschichten 17
Schule anno 1960 18
Schneeweisschen und Rosenrot oder:
Wie entstehen Lawinen 23
Die alte Fichte neben der Friedhofsmauer 25
Kugelscheiben 27
Heimatkunde? 30
Besuch in der „Flehlucka" 32
Flüchtlinge 38
Die Gusen 40
Besuch einer Mühle 41

Teil II

Alberndorf 47
   Zu den Mühlen im Gusental 48
   Die Klamschmiede 50
   Das Klamschloss 52
   Zur Pfahnlmühle 53
   Die Höllwenzen 55
   Wie der Teufel die Steinbacher ersäufen wollte 59
   Eine Hexerei 61
Altenberg 63
   Die Ruine Zöch 64
   Die Oberbairinger Kapelle 65
   Die im Schnee verstreute Post 67
   Der Steininger und der Teufel 69
Engerwitzdorf 73
   Das Ägidikirchlein 74
   Sonntagsarbeit 79
   Tod im Hochwasser 81
Gallneukirchen 87
   Die Gründungssage von Gallneukirchen 87
   Die Fuchtelmännchen 88

Katsdorf 91
   Die Weberkarde 92
   Die wilde Jagd 94
   Burgstall Wolfsbach 98
Unterweitersdorf 103
   Der Hexenkeller 104
   Die Teufelsbrücke 105
   Der Teufelssitz 107
   Der Mahlknecht und das Schwarzbuch 109

Teil III

   Zur Rodung und Besiedlung des Mühlviertels 113
   Über das Alltagsleben im Mittelalter 117
   Wie lebten die Bauern am Ende des
   Mittelalters und in den Jahrhunderten danach? 122
   Der schwarze Tod – die Pest 126
   Das Schloss Riedegg
   Die Starhemberger als Leuteschinder 132
   Die Bauernkriege 136
   Der Laimbauer 140
   Der Bauernrebell Kalchgruber – 200 Jahre später 146
   Die Pferdeeisenbahn 158
   Wie lebten Menschen vor 100 Jahren? 163
   Christas Großvater erzählt von seiner Kindheit 178
   Zum Vorabend des 2. Weltkriegs 182
   Der 2. Weltkrieg 185
   Die Schule unterm Hakenkreuz 187
   Die Kriegszeit aus der Sicht eines Mädchens 192
   Eine gute Gegenwart: Eine noch bessere Zukunft? ... 194
   Hochwasserkatastrophen 2000 und 2002 195
   Das Floss 198
   Unsere kleinen Gemeinden und das große Europa ... 202
   „Dummheit und Stoiz wochsn auf oan Hoiz" –
   eine kleine Sammlung alter Sprüche 205
   Zeittafel 207
   Quellen und weiterführende Literatur 210

Die einer Heimat breit im Schoße sitzen,
sie sind's nicht, die sie lieben allermeist.

Wilhelm Szabo

„Ich will niemals groß werden", sagte Thomas entschieden.
Nein, darum muss man sich wirklich nicht reißen", sagte Pippi.
„Große Menschen haben niemals etwas Lustiges. Sie haben nur einen Haufen langweilige Arbeit und komische Kleider und Hühneraugen und Kumminalsteuern."
„Kommunalsteuern heißt das", sagte Annika.
„Ja, es bleibt jedenfalls der gleiche Unsinn", sagte Pippi. „Und dann sind sie voll Aberglauben und Verrücktheiten. Sie glauben, es passiert ein großes Unglück, wenn sie beim Essen das Messer in den Mund stecken, und all solch dummes Zeug."
„Und spielen können sie auch nicht", sagte Annika.

Astrid Lindgren,
„Pippi in Taka-Tuka-Land"

Ihr begrabt die eigene Tradition vor lauter Bravsein. Nichts bleibt von selbst erhalten, wenn es nicht mehr im Lesebuch oder wenigstens in der Zeitung steht und wenn es keinen Gedenkstein mehr gibt. Die Menschen am Rande geben besser Auskunft über die Beschaffenheit einer Gesellschaft, als die faule „goldene" Mitte. Lass' der Zeit ihre Verzweiflung.

Franz Kain

TEIL I

Wie es begann

Er schrieb Bücher und malte Bilder. Er sammelte alles, von dem er dachte, dass er es einmal würde brauchen können. Einmal würde brauchen können für eine Geschichte oder für ein Bild. Für ein Bild, das nicht gemalt sein musste, sondern auch aus Zeitungsausschnitten, Kunstdrucken und Fundstücken zusammengesetzt sein könnte. Für eine so genannte Collage.
Eines Tages erhielt er sieben Schachteln. Sie waren voll mit siebzehn alten Broschüren und Büchern, unzähligen vergilbten Zeitungsausschnitten und alten Briefen. Einige Briefe waren in der alten Kurrentschrift abgefasst.
Mach bitte ein Buch aus dem Material, sagten die sieben Schachteln mit den Broschüren und Büchern, mit den Zeitungsausschnitten und Briefen, für unsere Schulkinder.

Alte Schriften

Der Mann, der das Buch schreiben sollte, hatte eine Tochter. Sie hieß Christa und war 10 Jahre alt. Sie sah die Schachteln und sagte: „Da wird sich die Mama freuen. Schon wieder eine Ladung Altpapier. Was machst du damit?"
Ohne eine Antwort abzuwarten begann sie im oberen Teil einer Schachtel zu blättern. „Was ist denn das für eine komische Schrift?" Sie hob ein Blatt in die Höhe. Es war ein alter Brief.
„Zeig her. Das ist Kurrent. Das ist die Schrift, die deine Großeltern und Urgroßeltern gelernt haben."
„Kannst du das lesen?"

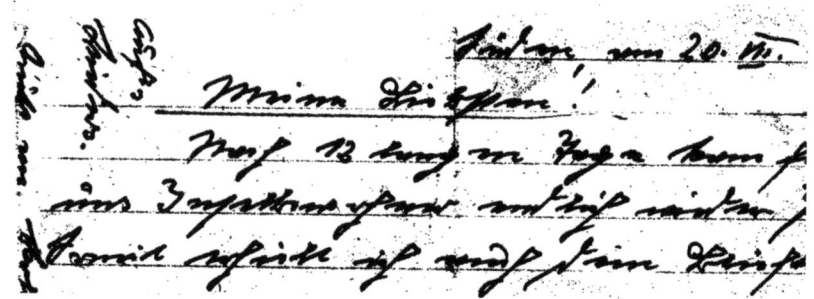

„Ja, das meiste. Wenn man die Buchstaben kennt, ist es nicht so schwer. Schau, das ist ein großes M, der nächste Buchstabe ist ein kleines e, darauf folgen ein i, ein n und wieder ein e. Das Wort heißt also …"
„Meine!", fällt ihm Christa ins Wort.
„Genau, und das darauf folgende Wort heißt ‚Liebsten'. Komm, ich lese dir vor:

Im Süden, am 5. X. 1944

Meine Liebsten!

Da ich jetzt nicht immer Gelegenheit habe, Euch zu schreiben, nütze ich rasch dieses Stündchen. Denn ich sitze jetzt nicht mehr in einem netten Zimmerchen, sondern liege mit meiner Gruppe in einer Feldstellung. Denn wie ihr ja wisst, befinde ich mich nicht mehr auf der Insel. Haben diese wohl noch zum richtigen Zeitpunkt verlassen, und kamen auch mit unseren großen Kriegsschiffen gut übers Meer. Wohin es jetzt geht, weiß ich nicht. Jedenfalls seid nicht ängstlich, wenn einmal etwas länger keine Post von mir kommt. Denn, wie gesagt, wir führen wieder ein so genanntes Zigeunerleben. Jeden Tag unterm freien Himmel Gottes. Da können wir vor allem das schöne Wetter, das hier herrscht, brauchen. Auch habe ich heute wie-

der einen Stier im Alter von einem Jahr herangeholt zum Schlachten. Also gibt es heute wieder Rinderbraten.
Und wie geht es Euch? Ihr werdet wohl vom Krummetheuen fertig sein und mit dem Kornbauen anfangen. Hoffe nur das Beste für Euch.

Es grüßt Euch herzlich
Euer Sepp

Was glaubst du, wer der Soldat gewesen ist, der diesen Brief geschrieben hat?"
„Weiß ich doch nicht!"
„Dein Großvater. Er hat diesen Brief am Rückmarsch in Makedonien geschrieben. Damals war der 2. Weltkrieg, längst verloren. Doch niemand hat die Wahrheit über die Lage zum Ausdruck bringen dürfen. Damals herrschte über halb Europa eine Diktatur. Kurz darauf wurde dein Großvater gefangen genommen. Schau, hier sind noch weitere Briefe von ihm. Und Karten aus der russischen Gefangenschaft. Die Gefangenen durften nur ein paar Zeilen schreiben und keine negativen Nachrichten. Zum Beispiel:

Meine Liebsten!

Herzliche Grüße sendet Euch Sepp. Seit 17. 3. Noch keine Nachricht. Bin gesund und munter. Hoffe selbes von Euch.
Fröhliche Weihnachten und Neujahr!

Auf Wiedersehen!
Sepp

Auf ein Wiedersehen mit seiner Familie musste er noch drei Jahre warten. Inzwischen war sein Vater gestorben. Dass sein Bruder Ferdinand nicht mehr aus dem Krieg zurückgekehrt ist, hat man ihm lange verschwiegen. Eines Tages hat ihm doch eine seiner Schwestern die schlechte Nachricht mitgeteilt.
Aber über seine Jugend, die Kriegszeit und die Gefangenschaft soll er dir selber einmal erzählen."
Christa war etwas kleinlaut geworden. Und dachte: „Hoffentlich muss ich nicht auch einmal eine so schreckliche Zeit erleben."

Nicht nur Briefe, auch alte Urkunden, Verträge und Inschriften können viel erzählen:
„Wenn man alte Inschriften verstehen möchte, muss man sogar eine andere Sprache können," sagte Christas Vater.
„Wieso, hat man bei uns früher eine andere Sprache gesprochen?"
„Nein, weniger gesprochen, aber geschrieben: Latein. Die ‚Gstudierten', wie die Leute sagten, haben sie untereinander verwendet. Die Pfarrer und Theologen, die Wissenschaftler sowie die meisten Adeligen. Mit Latein konnten sie sich über alle Grenzen hinweg verständigen. In ganz Europa. Mit der englischen Sprache ist das heute ähnlich. Die Gebildeten – Philosophen wie Künstler – dachten schon immer über Grenzen und Nationen hinweg. Das, was heute als Europa wieder langsam zusammenwächst, war für mache Leute vor zwei- oder dreihundert Jahren in ihren Köpfen als Vorstellung schon längst vorhanden."
„Gibt es heute noch Inschriften, die in Latein geschrieben sind?", fragt Christa.
„Ja, in Kirchen und Schlössern kann man noch heute solche

Inschriften entdecken. Selbstverständlich sind auch noch viele alte Urkunden und Bücher erhalten; doch die sind nicht für jedermann zugänglich.
Eine häufig anzutreffende lateinische Inschrift ist beispielsweise ANNO DOMINI. Auf diese zwei Wörter folgen immer römische Ziffern. Du kennst ja die Grotte am alten Weg von Riedegg nach Veitsdorf. Über dem Eingang steht folgender Text: *Erbaut von Franz und Elenore Friesenecker AD MDCCCIC.* AD ist die Abkürzung für ANNO DOMINI = im Jahre des Herrn, die römische Ziffern ergeben die Jahreszahl 1899."

Alte Namen

Christa wohnt in einem Dorf, das nur aus einem Dutzend Häuser besteht. Trotzdem scheint es begehrt zu sein bei den Behörden. Die Post bekamen sie jahrzehntelang aus Katsdorf; Gemeindesteuern und Abgaben für Wasser, Kanal und Müllabfuhr müssen sie nach Engerwitzdorf entrichten, weil sie zu dieser Gemeinde gehören. Und für ihr Seelenheil ist die Pfarre Gallneukirchen zuständig.
Christa hat eine Freundin in Gallneukirchen, weil sie dort in die Martin Boos-Schule gegangen ist, und eine in Katsdorf, weil sie nun zusammen mit anderen Kindern aus Katsdorf die Hauptschule in Pregarten besucht.
Die Martin Boos Schule ist nach dem katholischen Priester gleichen Namens benannt. Er leitete zur Zeit der Franzosenkriege, also vor rund 200 Jahren, die Pfarre Gallneukirchen. Er war bei der Bevölkerung sehr beliebt. Diese Beliebtheit und seine Predigten machten ihn bei der Obrigkeit verdäch-

tig. Er wurde auch von seinem Kaplan verleumdet und musste 1816 Österreich verlassen, „weil er von Luthers Lehre verführt gewesen sei".

Seine Anhänger, „Boosianer" genannt, blieben ihm treu. Sie fühlten sich verstoßen und abgelehnt. Da sie keinen Kontakt mehr haben wollten mit den Katholiken, schickten einige Familien ihre Kinder nach Thenning oder Eferding zur Schule. Besonders in der Gemeinde Alberndorf gab es viele „Boosianer", die eine eigene Schule gründen wollten. Erst Jahrzehnte später wurden sie als „Evangelische" anerkannt. Die kaiserliche Bewilligung zum Bau einer eigenen Schule in Weikersdorf erfolgte erst 1860.

Der erste evangelische Pfarrer war übrigens Ludwig Schwarz. Er verlegte seinen Amtssitz von Weikersdorf nach Gallneukirchen und gründete dort das Diakoniewerk. Sein Name lebt im Ludwig-Schwarz-Haus weiter fort.

Wie du siehst, führen auch Namen sofort in die Vergangenheit. Soll man den Namen eines öffentlichen Gebäudes erklären – schwuppdiwupp! – ist man schon wieder in einer anderen Zeit unterwegs. Sie sind eine Brücke aus der Gegenwart in die Vergangenheit. Und was es mit dem Streit zwischen Katholiken und Protestanten auf sich hat, erfährst du einige Kapitel später.

Natürlich haben nicht nur Hausnamen ihre Geschichte. Auch Ortsnamen und Geländebezeichnungen, alte Wegkreuzungen und Flüsse haben eine Geschichte. Sogar dein Vorname verweist auf eine Person, die aufgrund ihrer Lebensführung heilig gesprochen wurde. Geschichten über Heilige nennt man Legenden.

Weißt *du* Bescheid über das Leben jener Person, auf die dein Name zurückgeht?

Geschichte und Geschichten

Geschichte beginnt gestern. Was gestern geschah, ist Geschichte. Auch was deine Eltern und Großeltern erlebt haben, zählt zur Geschichte der Menschheit. Geschichten werden erzählt über das, was gestern geschehen ist. Geschichten kann man auch erfinden, aber Geschichte ist nur das, was wirklich geschehen ist. Geschichte ist eine Zeitreise in die Vergangenheit.
Eine Geschichte kann jeder erzählen. Auch Christas Vater. Er erzählt ihr von den ersten Jahren seiner Schulzeit in der Volksschule Katsdorf:
„Was jetzt das Heimathaus ist, das war einst die Volksschule. Wo jetzt Fundgegenstände aus der Besiedlungsgeschichte aufbewahrt werden, saßen einst dicht gedrängt Mädchen und Buben, die bis zu vier Kilometer zu Fuß gehen mussten, um eine Schule besuchen zu können ..."
„Gut, dass du ein Mensch bist und kein Ding, sonst hätte man dich auch schon ins Museum gesteckt!", unterbricht ihn keck seine Tochter.
„Ja, so schnell wie in den letzten 50 Jahren haben wohl noch nie Werkzeuge und Geräte ihren Nutzen verloren. Man kann sagen, dass fast alles, was bis zur Mitte des 20. Jahrhunderts erfunden worden ist, heute im Museum landet, wenn es sich nicht weiterentwickeln lässt."
„Stimmt nicht", rief seine Tochter, „Kochlöffel braucht man auch heute noch. Und einen Hammer zum Nägel einschlagen und eine Beißzange! Solche Werkzeuge schauen auch heute noch so aus wie früher."
„Ja sicher gibt es viele Geräte, die wir täglich benützen, wie Löffel, Messer und Gabel. Sie erfüllen nach wie vor ihren Zweck; ihre Form hat sich nicht viel verändert."

„Genau! Und die Oma hat noch Teegläser und Kaffeegeschirr von ihrer Mama. Die Oma ist über 80 Jahre alt, also muss das Geschirr schon älter als 50 Jahre sein!"

Christa ist sehr erfinderisch und liebt es mit Werkzeug umzugehen. Sie hat mit ihrer Freundin aus Brettern und Ästen eine Baumhütte gebaut. Sie hantiert aber auch mit Teigkarte und Handmixer. Und kann nach Rezept in der Rührschüssel eine leckere Nachspeise zubereiten. Und ihr fällt immer etwas Gegenteiliges ein, wenn jemand etwas behauptet. Nein, sie nimmt absolut nicht alles so hin, wie man es ihr vorsetzt.

Schule anno 1960

Christas Vater erzählt: „Als ich in die Volksschule ging, ist noch in jeder Klasse ein großer gusseiserner Ofen gestanden. Und wenn es kalt geworden ist, im Spätherbst, hat die Frau Schulwart schon lange vor Unterrichtsbeginn einheizen müssen. Um 8 Uhr, wenn der Unterricht begann, musste das Klassenzimmer schon halbwegs warm sein, denn die Schüler hatten oft einen Weg durch Regen oder Schnee hinter sich. Die saßen dann oft mit nassen Socken und Kleidern in der Klasse. Im Winter mussten sie schon los, wenn es noch finster war. In Amberg und in Bodendorf, in Standorf und in Breitenbruck, in Klendorf und in Niederthal. Von Rundum, aus allen Himmelsrichtungen, wanderten Kinder herbei, einzeln und in Gruppen, auf Fußwegen, die schon Jahrhunderte lang von den Kirchgängern benützt wurden. Und auf Güterwegen und Fahrstraßen. Sie wanderten sternförmig zur Mitte, nach Katsdorf zur Schule. Und so war das überall früher, in Altenberg genauso wie Alberndorf. Eine Mitschülerin von Amberg, die Mühlberger Christl, hatte den weitesten Weg. Von ihrem Haus konnte man schon hinunterschauen in die Gegend um St. Georgen. Sie stapfte an der Seite ihres älteren Bruders zur Schule. Zuerst auf verschneiten Fußwegen, dann auf kleinen Straßen, die bei Neuschnee noch nicht geräumt waren. Eine Stunde hin, und eine Stunde am Nachmittag nach Hause. Zurück ging's bergauf, mit knurrendem Magen, auch durstig vielleicht. Aber damals klagte noch niemand, dass die Kinder zu wenig Bewegung hätten, sondern darüber, dass manche Kinder nicht genug zu essen hatten. Oder nicht genug Gewand zum Anziehen. Eine geflickte Hose oder ein geflicktes Kleid zu tragen oder gestopfte Strümpfe war selbstverständlich.

Geflicktes G'wand ist keine Schand', pflegte die Lehrerin zu sagen, nur zerrissen sollte es nicht sein. Sie bedachte vielleicht nicht, dass manche Mütter Wichtigeres zu tun hatten, als jeden Tag die Kleidung der Kinder auf geplatzte Nähte, abgesprungene Knöpfe oder frisch gerissene Löcher zu untersuchen. Bäuerinnen hatten von früh bis spät am Hof, in den Ställen und auf den Feldern zu tun. Andere wiederum mussten bei den Bauern arbeiten, als Taglöhnerinnen, um das dürftige Gehalt der Ehemänner aufzubessern. Manchmal bekamen sie dafür nur Naturalien: Speck, Kartoffeln, Brot und Eier.

Hausfrau zu sein bedeutete damals: Waschtag am Montag, ohne Waschmaschine selbstverständlich. Der Kessel wurde angeheizt, um kochendheißes Wasser in großen Mengen zu bekommen, für die Kochwäsche: Leintücher, Unterwäsche usw. wurden ausgekocht und dann im kalten Wasser geschwemmt, um die Wäsche von der Lauge zu säubern. Dann wurden die Wäschestücke mit beiden Händen ausgewrungen. Heute besorgt dies der Schleudergang der Waschmaschine.

Befanden sich ein Mühlbach oder ein Fluss in der Nähe, wurde zum Schwemmen fließendes Wasser verwendet. So schleppten die Frauen prallgefüllte Wäschekörbe aus den Häusern zum Wasser. Meine Mutter ging, so wie die meisten anderen, auch im Winter zur Gusen; sie schwemmte kniend, von einem hölzernen Steg aus, dessen Pfosten knapp über der Wasseroberfläche angebracht waren.

Sogar mitten in Gallneukirchen haben Frauen die Wäsche in der Gusen geschwemmt. Viele haben sich beim Mühlbach, der zur Lanzinger Mühle führte und heute unterirdisch verläuft, beim Schwemmen getroffen. Dort war sogar eine eigene Stelle dafür hergerichtet; sie war überdacht und den Boden bedeckte ein Lattenrost. Da war Platz für viele. Natürlich wurden dabei auch die neuesten Nachrichten ausgetauscht und Geschichten erzählt. Damit die Zeit schneller verging bei der harten Arbeit.

Nun aber zurück zur Schule: Also das Fräulein Wetti, so hieß die Schuldienerin, wie man diesen Beruf einst auch nannte, heizte die Öfen in den Klassen mit Kohlen. Ein Heizmaterial, das ich vorher nicht gekannt hatte. Zu Hause wurde nur mit allerlei Holz geheizt. Sie schleppte die Kohlenkübel in jede Klasse hinein. Vier Klassen lagen im Erdgeschoß und eine große Klasse im ersten Stock. Dort waren die Schüler der Oberstufe untergebracht. Damals mussten nämlich jene Kinder, die nicht in die Hauptschule gingen, die Volksschule bis zum Ende ihrer Schulpflicht besuchen. Im ersten Stock befanden sich auch die Wohnung des Direktors und das Konferenzzimmer.

Die Einrichtung einer Klasse war komplett anders als heute. Jede Tischplatte hatte in der Mitte ein kreisrundes Loch. Darin steckten noch Tintenfässer, wie sie in den Illustrationen des *Struwelpeter* zu sehen sind; sie wurden jedoch nicht mehr gefüllt. Wir hatten schon Füllfedern und mussten natürlich nicht mehr mit dem Federkiel oder mit dem Griffel auf einer Schiefertafel schreiben. Das Füllen der Füllfeder mussten wir lernen. Die Frau Lehrer zeigte uns, wie wir am Kolben zu drehen hatten. Tintenpatronen gab es damals noch nicht. Das war manchmal eine furchtbare Patzerei noch bevor eine Zeile auf dem Papier stand …"

„Und, gab es nichts Lustiges in der Schule? Hattet ihr keinen Spaß?", unterbrach Christa die Erzählung ihres Vaters.

„Oh doch. Vielleicht etwas seltener, aber dafür kann ich mich heute noch gut an einzelne Vorfälle erinnern."

„Erzähl, mich interessiert, was ihr für Späße gemacht oder erlebt habt!"

„Na, ich weiß nicht, ob das Späße waren im heutigen Sinn!", gibt ihr Vater zu bedenken.

„Bitte erzähl mir, was für dich lustig gewesen ist!"

„Also gut!"

Schneeweisschen und Rosenrot oder:
Wie entstehen Lawinen

„Höhepunkte in meiner Volksschulzeit waren jene Tage, an denen Filme gezeigt wurden. Da hieß es schon in der Früh oder am Tag davor: ‚Ein Film! – Wir sehen einen Film! – Wir dürfen uns einen Film anschauen!' Die Aufregung war groß. Alle schrieen sich eine Neuigkeit um die Ohren, die ohnehin schon jeder vernommen hatte. Jener Lehrer, der die 4. Klasse unterrichtete, fuhr hin und wieder mit der Eisenbahn nach Linz. Er war bei fast allen sehr beliebt, auch wenn manche Eltern meinten, dass man bei ihm zu wenig lernte. Dort, in der so genannten Landesbildstelle im Hauserhof, entlehnte er sich Lehr- aber auch Märchenfilme. Selbstverständlich alles in schwarz-weiß. Außerdem waren sie tonlos. Stummfilme also. Sätze wurden in Schriftform eingeblendet. Der Projektor war ein grünes Ungetüm, das leise ratterte. Von der Filmspule, die fast einen halben Meter Durchmesser hatte, lief der Filmstreifen über mehrere Rollen und Ecken ins Innere der Maschine und kam hinten wieder hinaus. Dort wurde er mit derselben Geschwindigkeit wieder auf eine leere Spule gewickelt. Sobald es dunkel war im Klassenzimmer und der Vorspann lief, auf dem noch keine Bilder zu sehen waren, reckten alle ihre Hände ins Licht. Sie ergaben auf der Leinwand Schatten. Wenn man geschickt war, ergaben diese Spiele Köpfe von Hasen und anderen Tieren.
Ich kann mich noch gut an einen Film über die Entstehung und die Gefährlichkeit von Lawinen erinnern. Ich bewunderte die Schifahrer, die über unverspurte Hänge talwärts flitzten. Damals dachte ich mir, so gut Schi fahren möchte ich auch einmal können. Ich habe noch viele Bilder dieser

Filme im Kopf. Vielleicht auch deswegen, weil wir manche Filme im Laufe der Jahre mehrere Male gesehen haben.
Von den Märchenfilmen blieb mir beispielsweise *Der gestiefelte Kater* in Erinnerung. Ein böser Zauberer pflegte in einem dicken Buch zu lesen. Er verwandelte Leute unter Qualm und Rauch in eine Maus oder in einen Elefanten. Der Film endete damit, dass der Zauberer aufgefordert wurde, sich selber in eine Maus zu verwandeln. Im Schloss des Zauberers war der gestiefelte Kater zu Besuch. Der verschlang den in eine Maus verwandelten Zauberer. Nun stand der Hochzeit des Müllersohns mit der Prinzessin nichts mehr im Wege. Wir atmeten auf. Und klatschten erleichtert in die Hände …
Im Film *Schneeweißchen und Rosenrot* gab es eine Szene, die uns regelmäßig erheiterte. Ein böser Zwerg angelte an einem Teich. Er hatte einen langen, bis zum Bauch reichenden Bart, der vor seinem Oberkörper wie ein Gespinst aus eisgrauer Zuckerwatte in der Luft zitterte. Als ein großer Fisch anbiss, schwamm dieser zick-zack durchs Wasser. Dadurch verhedderte sich die Angelschnur im abstehenden Bart des Zwerges. Jede Richtungsänderung des Fisches bedeutete eine weitere Schlinge um die zerzausten Barthaare des Zwerges. So wurde der Bart regelrecht zusammengebunden. Obwohl er die Angelrute wegwarf, blieb er mit dem kräftigen Fisch auf Gedeih und Verderb verbunden. Am Ende wurde der böse Zwerg, der aus Angst Furcht erregend mit den Augen rollte, vom Fisch ins aufspritzende Wasser befördert. Der Jäger war selber zum Opfer geworden, und das Böse war wieder einmal unterlegen. Ja, das war schon wichtig, die Filme gingen immer gut aus, das Gute hat immer über das Böse gesiegt …"

Die alte Fichte neben der Friedhofsmauer

„Und, was gab es sonst noch?", fragte Christa.

„Ich habe dir schon erzählt, dass im ersten Stock die Oberstufenschüler unterrichtet wurden. Die Schüler der fünften, sechsten, siebten und achten Klasse waren in einer Klasse versammelt. Sie erhielten dort Abteilungsunterricht. Jede Schulstufe hatte innerhalb der Klasse verschieden hohe Anforderungen zu bewältigen.

Aus der Perspektive eines Schulanfängers waren die Schüler im ersten Stock natürlich die Großen. Sie fühlten sich uns gegenüber überlegen und benahmen sich ziemlich wild. Man ging ihnen am besten aus dem Weg. Andererseits trauten sie sich Dinge tun, für die wir sie bewunderten.

Voll Ehrfurcht bestaunten wir *Tintenpatzer* eines Tages den Wagemut einiger dieser Buben. Es war in der großen Pause. Wir durften, da schönes Wetter war, ins Freie, auf den unmittelbar angrenzenden Turnplatz. Der grenzte wiederum an den Friedhof. Am unteren Ende des Turnplatzes ragte eine riesige Fichte in den Himmel. Sie war so hoch wie der Kirchturm der Pfarrkirche, die jenseits der Mauer stand. Entlang der Mauer wurden die dürren Kränze und verwelkten Blumen vom Friedhof deponiert. Dort roch es immer nach Reisig. Ich beobachtete gerade Mitschüler beim Völkerball spielen. Plötzlich war es mir, als ob sich ein Ast der riesigen Fichte bewegte. Tatsächlich. Da wurde wieder ein Ast ein Stück nach unten gebogen; kurz darauf schnellte er in die Ausgangsposition zurück. Und zwischen den dichten und zottigen Zweigen bewegte sich etwas. Immer nur für einen Augenblick sah ich das Stück von einem Hemd, einem Hosenbein oder einem Schuh. Die Bewegung vollzog sich nach oben. Und zwar ziemlich rasch. Ich machte meine Klassenkameraden darauf aufmerksam. Bald standen 20 bis 30 Schüler unterm Baum und starrten nach oben. Was glaubst du, war los?"

„Jemand kletterte auf den Baum?", meldete sich Christa fragend zu Wort.

„Ja, genau. Drei Oberstufenschüler, wahrscheinlich nicht die bravsten und unauffälligsten, waren auf die Fichte geklettert. Sie schienen nicht eher halten zu wollen, bis sie den Wipfel erreicht hatten. Wahrscheinlich wollten sie sich die Schule, das Kirchendach und somit die gesamte Ortschaft, einschließlich umliegender Wiesen und Felder, einmal aus der Perspektive der Vögel anschauen.

Plötzlich stürzte ihr Lehrer, der auch zugleich der Herr Direktor war, schimpfend aus dem Schultor und eilte in Richtung Fichte. Er forderte seine Schüler auf, sofort herunterzukommen. Die Reaktion war jedoch das Gegenteil. Sie stiegen noch höher, sodass der Wipfel schon gefährlich unter der Last der drei schwankte ..."

„Warum hat er nicht die Feuerwehr geholt?", ruft Christa dazwischen.

„An die Feuerwehr dachte damals bei solchen Aktionen noch niemand. Die hätte sich schön bedankt, wenn sie wegen eines solchen Lausbubenstreichs hätten ausrücken müssen. Außerdem, glaube ich, haben die damals gar keine so lange Leiter gehabt.

Nun, wie ging die Geschichte weiter. Ein schrilles Klingelzeichen beendete die Pause. Wir trotteten wie dressierte Schafe ins Schulgebäude. Die drei, die trauten sich was. So hoch hinaufzuklettern, ein Gebot zu verletzen und nun auch noch den Herrn Direktor laut schimpfend um den Baum tanzen zu lassen. Der ungleiche Machtkampf dauerte jedoch nicht lange. Die drei konnten ja nicht ewig in dieser schwankenden und luftigen Höhe bleiben. Es gab kein Entrinnen.

Wortfetzen einer Diskussion drangen nach unten. Dann suchte der erste Fuß eine Astreihe tiefer nach Halt. Langsam setzten sich die drei in Bewegung. Ast um Ast stiegen sie dem irdischen Urteil entgegen. Die letzten zwei oder drei Meter sprangen sie elegant zu Boden. Der Herr Direktor hatte mit der rechten Hand schon ausgeholt, um dem Erstbesten, den er erwischte, eine Ohrfeige zu verpassen. Doch sie rannten, flink wie Wiesel, an ihm vorbei und hinein in die Schule, hinauf in den ersten Stock. Der Herr Direktor eilte hinterher. Was dort geschah, konnten wir uns denken."

Kugelscheiben

„Die Fichte, die längst der Motorsäge zum Opfer fiel, spielte auch noch eine andere wichtige Rolle: Im Schutz ihrer weit ausladenden Äste, wo wegen des Schattens kein Gras wuchs, pflegten wir im Frühjahr zu spielen. *Kugelscheiben* nannten wir dieses einfache Spiel. Es ist heute längst vergessen. Nachdem es aper geworden, die Luft nach Erde roch und der Boden aufgetrocknet war, erzeugten wir mit dem Schuhabsatz eine kleine Grube. Das ging so vor sich: Man hackte mit der Ferse wie ein wild gewordenes Rumpelstilzchen in den Boden und drehte sich dann einige Male um die eigene Achse. Bis eine kreisrunde, etwa fünf Zentimeter tiefe Mulde entstanden war. Dann wurden mit den Händen die Erdkrumen weggeputzt, die Mulde und deren Rand sorgfältig geglättet. Nun konnten die Kugeln gut rollen.
Aus einer Distanz von drei oder vier Schritt versuchten wir dann kleine Kügelchen in die Vertiefung zu befördern.
Die Kugeln bestanden aus gebranntem Ton und waren bunt

bemalt. Das waren die einfachen, billigen. Schöner aber teurer waren solche aus Glas, mit bunten Einschlüssen. Man nennt sie auch Murmeln. Wenn sie rollten, veränderten sie dauernd ihr Aussehen.

Derjenige, der schon mit dem ersten Wurf seine Kugel in die Grube beförderte oder dem Grubenrand am nächsten kam, durfte versuchen, die Kugeln der Mitspieler in die Grube zu schubsen. Und zwar mittels leicht gekrümmtem Zeigefinger, mit dem man der Kugel, wie mit einem Golfschläger, einen Stoß versetzte. Bekam man die Kugel in die Grube, konnte man sie behalten. Wenn nicht, kam derjenige an die Reihe, dessen Kugel die nächstbeste Distanz zur Grube aufwies. Bei Streit wurde der Abstand mit einem länglichen Gegenstand, einem Ast oder Zweig oder mit der Spanne einer Hand gemessen. Dabei streckten wir den kleinen Finger und den Daumen so weit wie möglich auseinander. Dieses Maß ist ein altes und nennt man Spanne. Früher lernten die Kinder ein Lied, in dem dieses Maß auch vorkommt: Spannenlanger Hansl, nudeldicke Dirn …"

„Gehn wir in den Garten, schütteln wir die Birn …", ergänzt Christa.

„Nun, das waren ein paar Geschichten aus meiner Volksschulzeit", ruft Christas Vater. Ich glaube, das reicht für heute.

„Und", erwiderte Christa, „habt ihr auch was gelernt oder nur Filme geschaut und mit Kugeln gespielt?"

„Sicher, Lesen, Schreiben, Rechnen, so wie heute. Und Heimatkunde."

Heimatkunde?

„Heimatkunde? – Was ist denn das schon wieder!"
„Bei euch heißt das heute Sachunterricht. Wir hatten damals Naturkunde extra und eben Heimatkunde. In Heimatkunde lernten wir über die Geschichte unserer Heimat."
„Was ist Heimat, was bedeutet dieses komische Wort?"
„Mit Heimat meint man meist jenes überschaubare Gebiet, in dem man aufgewachsen ist. In dem man wohnt, spielt und arbeitet. Das kann ein Dorf oder eine Stadt sein oder eine Landschaft. Oft haben dort auch schon die Vorfahren gewohnt, die Großeltern beispielsweise. Heimat ist dort, wo man sich auskennt wie in der eigenen Hosentasche."
„Was ist denn das schon wieder für ein Ausdruck: Wie in der eigenen Hosentasche. Außerdem: Wir Mädchen haben nicht immer eine Hosentasche!", protestiert Christa.
„Ja, da hast du recht, das ist ein typischer Männerausdruck von früher. Damit ist ungefähr folgendes gemeint: Früher waren Hosentaschen viel wichtiger als heute. Da haben die Buben oft viel hineingestopft: Kaum Taschentücher, wichti-

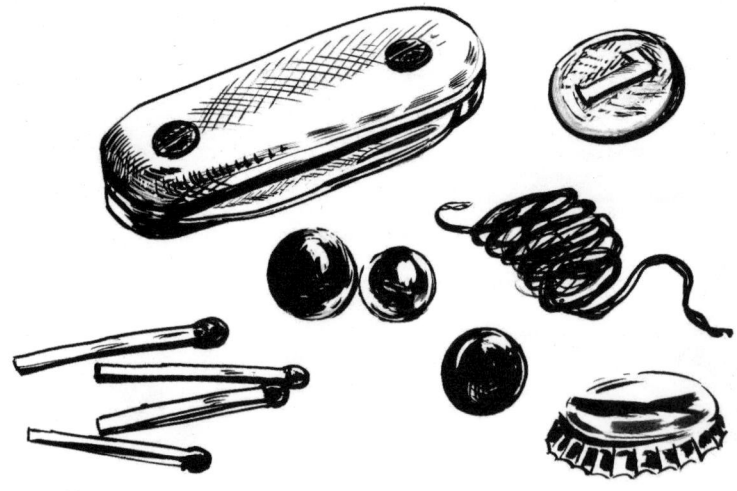

ger waren ein Taschenmesser, eine Schnur, ein Stück Draht, die Kugeln, von denen ich schon erzählt habe, Zündhölzer, irgendwelche Fundgegenstände, so genannte Schätze, vielleicht sogar ein paar Groschen ..."

„Und, was habt ihr damit gemacht, mit all dem Zeug, das ihr da herumgeschleppt habt?"

„Wir haben uns mit dem Taschenmesser zum Beispiel einen Bogen gemacht, und Pfeile, wir sind oft ganze Halbtage im Wald herumgelaufen, haben Indianer gespielt, oder ‚Räuber und Gendarm'. Auch Lagerfeuer haben wir gemacht. Und Speck gebraten oder die Fische gegrillt, die wir in der Gusen gefangen haben. Na, was glaubst du, was wir alles getrieben haben, das kann ich dir gar nicht alles erzählen!"

„Ha, jetzt hab' ich dich! Wenn mir eine Kleinigkeit passiert, muss ich mir gleich eine Strafpredigt anhören! Wegen jeder Kleinigkeit! Und ihr habt euch aufgeführt als wie! – Das ist ungerecht!" – Christa ist aufgesprungen und zur Tür geeilt.

„Ach geh, du übertreibst, das war ja alles nur Spiel. Wir hatten noch keinen Fernseher und da haben wir uns halt selber was vorgespielt. Winnetou und Old Shatterhand, du weißt schon, Karl May. Nun, ich wollte eigentlich was anderes sagen. Zurück zum Spruch über die Hosentasche."

„Du mit deinen altmodischen Sprüchen!", zögernd kommt Christa wieder zum Tisch und stellt sich neben den Sessel, von dem sie aufgesprungen war. „Na, was ist? Erklär' mir das noch schnell, ich geh dann zu meiner Freundin."

„Ja, von mir aus!", gibt sich ihr Vater geschlagen. „Hosentaschen haben normalerweise keine verborgenen Winkel, und da man den Inhalt der eigenen Hosentasche genau kannte, ist man auf diesen Vergleich gekommen. Sich auskennen wie in der eigenen Hosentasche bedeutet, dass man sich in einem Gebiet oder einer Sache sehr gut auskennt."

Besuch in der „Flehlucka"

Christa geht aus dem Haus und überquert die Straße. Sie geht zum Haus, in dem ihre Freundin Sylvia wohnt.
„Was machen wir heute?", fragt Sylvia.
„Mein Papa hat mir heute erzählt, was er in seiner Schulzeit alles gemacht hat. Komm, wir gehen zur *Flehlucka*. Vielleicht erleben wir ein Abenteuer."
„Da brauchen wir aber Kerzen. Oder Taschenlampen. Und eine lange Schnur, damit wir auch wieder hinausfinden.", meint Sylvia.
„Nehmen wir beides mit, Kerzen und eine Taschenlampe, für alle Fälle. Und Zündhölzer. Kannst du das besorgen? – Ich möchte nicht mehr nach Hause, sonst werde ich wieder gefragt, was wir machen und wo wir hingehen und so fort."
„Gut, ich komme gleich. Ich sag' jedoch lieber meiner Mutter, wo wir hingehen. Sonst habe ich nachher Probleme. Wenn ich länger als eine Stunde weg bin, und sie wissen nicht, wo ich bin, lassen sie mich auch noch suchen. Mit Hubschrauber und Polizei. Das wäre eine Aufregung!"
„Das wär' aber cool!", meint Christa und lacht. Das würde ihr gefallen. Sie sitzt mit ihrer Freundin in der Höhle, wie früher die Bewohner der Umgebung, die sich darin vor durchziehenden Soldaten versteckt haben, und draußen geht's rund. Mit Blaulicht, Suchhunden und Hubschraubergeknatter.
„Ja, der Spaß wär' aber nur kurz. Meine Eltern würden mich danach nicht mehr aus dem Haus lassen. Vor allem nicht mit dir!"
Sylvia verschwindet im Haus. Nach ein paar Minuten kehrt sie in ihren Laufschuhen und mit einem kleinen Rucksack zurück. Sie machen sich auf den Weg. Von dort, wo sie wohnen ist es nicht sehr weit. Sie überqueren zuerst die Große,

dann die Kleine Gusen. In Reitling gehen sie bei einem Bauernhaus vorbei, dahinter führt ein Pfad steil hinein in den Wald. Durch Mischwald gelangen sie auf eine feuchte Wiese. Vor ihnen liegt schon der bewaldete Graben, eine Geländemulde, in der sich der Eingang zur *Flehlucka* befindet.
Vor einigen Jahren wurden Wegweiser aufgestellt und ein Steig angelegt. Jahrzehntelang war die Fliehhöhle ein Geheimtipp gewesen. Kein Weg und kein Schild wiesen darauf hin. Der Eingang war verschüttet, und man gelangte nur kriechend ins Dunkle. In einer Hand hielt man die Kerze oder die Taschenlampe, und mit der anderen schob man sich vorwärts. Die ersten Meter waren so eng, dass man glaubte, es gehe in einen Fuchsbau hinein. Das war nur etwas für Kinder und Jugendliche. Erwachsene mit ihren Bäuchen konnten da nicht hinein. Die wären stecken geblieben.
Auf einem Schild, das an einem Baumstamm angebracht ist, steht einiges über die Geschichte. Der Name hat nämlich nichts mit Flöhen zu tun. Der Text auf dem grünen Schild lautet:

„Diese künstliche Höhle wurde während der mittelalterlichen Besiedlung von der Bevölkerung als Versteck und Zufluchtsort errichtet. Sie ist 700 bis 800 Jahre alt und gehört zu den wenigen kulturhistorischen Besonderheiten unserer Heimat, die nahezu unverändert erhalten geblieben sind."

Solche „Erdställe", wie die Wissenschaftler sagen, gab es überall im Wald- und Mühlviertel. Die meisten wurden jedoch zugeschüttet. Die Flehlucka ist also eine echte Rarität. Sie verzweigt sich mehrmals und erweitert sich zu kleinen Räumen. In den Seitenwänden stößt man immer wieder auf Nischen. Sie haben wahrscheinlich zur Aufbewahrung von

Nahrungsmitteln und zum Aufstellen von Kerzen oder Lampen gedient. Einen besonders interessanten Erdstall gibt es in Hattmannsdorf, unter dem Haus „Gstöttenbauer". Er weist sogar mehrere Stockwerke auf.

„Schau, heute ist sonst niemand da, wir sind die einzigen Besucher!", ruft Sylvia.

„So, jetzt brauchen wir die Kerzen und die Taschenlampe", meint Christa.

„Hab' ich alles im Rucksack!" – Sylvia stellt den Rucksack auf den Holztisch, der vor der Höhle aufgestellt worden ist. Mit den dazugehörigen Holzbänken soll er wohl zum Jausnen einladen.

Sylvia kramt im Rucksack. Sie fördert zwei Kerzen und ein Schachterl Zündhölzer zu Tage. Sie kramt weiter.

„Was suchst du?", fragt Christa.

„Ich glaub' ich hab die Taschenlampe zu Hause liegen lassen."

„Macht ja nichts, wir haben Kerzen, das genügt!", meint Christa draufgängerisch.

„Und was ist, wenn sie erlöschen, wenn wir gerade ganz weit drinnen sind?", meint Sylvia.

„Dann zünden wir sie wieder an. Ganz einfach."

Jede nimmt sich eine Kerze. Sylvia zündet mit einem Streichholz ihre Kerze an. Mit der Flamme ihrer Kerze zündet sie dann die Kerze von Christa an.

„Na, sehr viele Zündhölzer hast du aber nicht mitgenommen", meint Christa.

„Ich hab' geglaubt, dass wir nicht so viele brauchen, weil wir eh die Taschenlampe mithaben ..."

Sylvia steckt die Zündhölzer in ihre Hosentasche. Sie lassen den Rucksack am Tisch liegen. Damit die Zugluft nicht die Kerzen auslöscht, schreiten sie langsam wie Ministrantinnen zum Eingang der Höhle. Die zuckenden Flammen lassen sie nicht aus den Augen.

Gebückt und die Knie abgewinkelt, schlurfen sie über den sandigen Boden ins Innere. Nach einigen Schritten macht der Gang einen Knick nach rechts. Ab hier ist es stockdunkel. Noch ein paar Schritte und die Flammen ihrer Kerzen erhellen einen kleinen Raum. An der Decke haben frühere Besucher Rußflecken angebracht, in denen sie Namen und das Datum ihres Besuches eingeritzt haben.

„Schau!", ruft Christa ihrer Freundin zu, „die Inschrift ist aber schon sehr alt!"

Sie lesen beide laut: „Franz W. 17. 5. 1984"

„Wir verewigen uns auch!", schlägt Sylvia vor.

„Aber nicht hier, sondern im letzten Raum, ganz hinten!"

„Wie du meinst."

Von dem Raum, den sie eben betreten haben, führen zwei Gänge weiter.

„Wir nehmen zuerst den linken", meint Christa.

„Oder den rechten!", schlägt ihre Freundin vor.

Die Flammen ihrer Kerzen flackern.

„Okay!", gibt sich Christa geschlagen.

Sie gehen an einer Nische vorbei und betreten gebückt den Gang, der rechts wegführt. Sylvia vorne, Christa dahinter. Man hört nur ihren Atem und das Geräusch ihrer Schritte. Wenn man an der Wand ankommt, ergibt das ein kratzendes Geräusch. Als würde man mit Schleifpapier über etwas Raues streichen.

„Ohje!", ruft Sylvia. Christa bemerkt, dass es vor ihr dunkel geworden ist.

„Geh weiter, hier kannst du deine Kerzen nicht wieder anzünden. Hier ist es zu eng. Der nächste Raum muss gleich kommen."

Darauf zu vertrauen, dass der feste Boden sich fortsetzt, ist nicht einfach. Sylvia zögert. Sie wird von einem mulmigen Gefühl erfasst.

„Gib mir lieber deine Kerze", meint Sylvia, „ich möchte sehen, wo es hingeht."

Christa reicht die Kerze nach vorne. Um Christa wird es finster.

Nichts mehr zu sehen ist schon ein wenig unheimlich. Sie kriecht knapp hinter Sylvia vorwärts. Bald haben sie den Raum erreicht. Sie können wieder aufrecht stehen.

Nun wird der schwarze Docht der erloschenen Kerze mit der noch brennenden wieder angezündet.

Sie atmen auf.

„Wollen wir uns nicht lieber hier verewigen", schlägt Sylvia vor. „Die anderen Räume suchen wir lieber einmal auf, wenn wir Taschenlampen mithaben, oder zumindest Fackeln."

„Na, wenn du meinst. Ich bin einverstanden."

Sie halten ihre Kerzen knapp unter die sandfarbene Decke. Aus den Flammenzungen kräuselt schwarzer Rauch zur Decke. Damit färben sie einen Fleck, der ungefähr so groß ist wie eine Pizza. Wie eine schmale, ein wenig in die Länge gezogene Pizza.

„Womit sollen wir jetzt ritzen?" Christa findet nichts Passendes in ihren Hosentaschen.

„Im Rucksack hätte ich ein Taschenmesser."

„Im Rucksack! Dort liegt es gut!", knurrt Christa ein wenig verärgert.

„Schau, ich hab am Boden ein Stück Astholz gefunden. Da hat jemand versucht ein Feuer zu machen."

Sylvia bricht das bleistiftdicke Holz entzwei und reicht ihrer Freundin das längere Ende, das aber nur so lang ist wie ihr kleiner Finger.

CHRISTA

Nun ritzen sie beide ihre Vornamen und das Datum des Tages in die mit Ruß überzogene Fläche. Dort, wo man ritzt, kommt der helle Hintergrund wieder zum Vorschein. Dadurch ist das Geritzte gut lesbar.

In den Haaren haben sie nun allerdings ein paar Körner Sand. Und ihre Hände sind schmutzig. Aber das macht ihnen nichts aus.

„Gehen wir nun zurück?", fragt Christa etwas kleinlaut. Wie doch Stille und Dunkelheit verunsichern können.

„Oder gehen wir doch noch weiter", schlägt Sylvia nun vor, allerdings in einem Ton, dem man anmerkt, dass keine Überzeugung dahinter steckt.

„Ja, wenn du die Taschenlampe mitgenommen hättest …"

„Und du? Du hast gar nichts mitgenommen!"

„Okay, das nächste Mal bin ich für die Höhlenausrüstung verantwortlich. Gehen wir lieber, bevor wir uns noch zerstreiten."

Beim Hinauskriechen pustet Christa noch einmal unabsichtlich ihr Kerze aus. Davon abgesehen gelangen sie ohne Zwischenfälle ins Freie. Das Tageslicht blendet. Neben dem Rucksack sitzt ein Eichhörnchen. Als es die beiden Menschlein im Höhleneingang auftauchen sieht, springt es an den nächstbesten Stamm und beginnt empor zu klettern.

„Schau, ein Eichhörnchen!" rufen Sylvia und Christa fast gleichzeitig. Sie schauen sich an und beginnen zu lachen.

Flüchtlinge

Ein paar Tage später sitzen sich Christa und ihr Vater wieder einmal am Küchentisch gegenüber. Sie haben nach dem Abendessen das benützte Geschirr im Geschirrspüler verstaut. Christas Mutter hat noch einmal wegmüssen. Chorprobe.
„Papa! Bei mir in der Klasse sitzt ein Bub, der hat keine Heimat. Er ist Flüchtling!" Dass Christa dieses Thema noch einmal aufgreifen würde, hat ihr Vater nicht erwartet.
„Hoffentlich gebt ihr ihm ein Gefühl von Heimat. Oder anders gesagt: ein Gefühl von Geborgenheit. Heimat ist ja nicht nur ein Ort, Heimat kann auch die Sprache sein, oder sie ist dort, wo man Freunde hat.", sagt ihr Vater.
„Dann hab' ich doppeltes Glück. Ich habe Freundinnen und bin kein Flüchtling.", meint Christa und lacht.
„Weißt du eigentlich, dass deine Großmutter ein Flüchtling war?"
„Nein, das hab' ich noch nie gehört!"
„Sie ist als Deutsch sprechende in der Tschechoslowakei geboren. Im Böhmerwald. Nach dem Ende des 2. Weltkriegs ist ihre Familie vertrieben worden."
„Wieso denn das?" Christa hat die Augenbrauen hochgezogen und blickt ihren Vater entgeistert an.
„Die Tschechoslowakei ist von Nazi-Deutschland besetzt gewesen. Viele Tschechen mussten Zwangsarbeit leisten, andere wiederum kamen in Konzentrationslager. Nach Ende des Krieges haben sich dann die Tschechen an der gesamten Deutsch sprechenden Bevölkerung gerächt. Ganz gleich, ob sie schuldig waren oder nicht. Du siehst, jeder Krieg hat nicht nur Tote, sondern weitere Ungerechtigkeiten zur Folge."
„Und wie hat die Großmutter den Großvater kennen gelernt?"

„Deine Großmutter hat nach der Flucht mit ihren Eltern in der Hartwagner-Mühle Unterschlupf gefunden. Damals gehörte sie einem Mann aus Salzburg, Karl Hollerweger. Derzeit heißt sie Göweil-Mühle. Dort hat sie dein Großvater, nachdem er aus der Gefangenschaft heimgekommen ist, kennen gelernt."
„Das ist aber interessant! Da haben ja Großmutter und Großvater ein ziemlich abenteuerliches Leben gehabt", meint Christa.
„Das kann man wohl sagen! – So wie deinen Großeltern ist es aber vielen ergangen. Der Krieg hat zu einem riesigen Chaos geführt. Nicht nur in Europa, sondern auf der ganzen Welt. Überall gab es Flüchtlinge. Millionen. Und hunderttausende Kinder, die ihre Eltern verloren haben."
„Schrecklich. Und alles nur wegen dem blöden Hitler!", ruft Christa.
„Na, er allein hätte nichts gerissen. Es gibt einen alten Spruch: Ohne Geld – koa Musi! – Ohne Geldgeber und ohne Anhänger – wenn die nicht eine ähnliche Geige gespielt hätten wie er, wäre er vielleicht ein Postkartenmaler geblieben."
„Wieso Postkartenmaler?", fragt Christa erstaunt.
„Weil Hitler eigentlich Maler werden wollte. Hätte er die Aufnahmsprüfung an der Akademie in Wien geschafft, wäre der Welt vielleicht einiges erspart geblieben."
„Da wird mir ganz schwindelig im Kopf, von diesen Geschichten. Da sieht man, was Kleinigkeiten oft für Folgen haben …"
„Kleine Ursache, große Wirkung. Man kann manchmal nicht vorhersehen, was sich aus einer Entscheidung alles entwickelt. Jeder Mensch, nicht nur ein Politiker, hat also eine große Verantwortung."
„So, heute hab' ich genug von dem, was ihr Erwachsene alles macht. Oder nicht macht. Ich geh' jetzt Klavier spielen."

Christa spielt seit zwei Jahren Klavier. Sie besucht jeden Donnerstag die Musikschule. Und sie übt gerne. Vor allem dann, wenn sie Hausübungen machen sollte.

Die Gusen

„Mama, ich muss für die Schule etwas wissen. Die Lehrerin hat gemeint, wir sollten die Eltern fragen. Weißt du, wo die Große Gusen entspringt?"
„Ist das jetzt eine Prüfung? – Na, ich werde mein Bestes geben. Wo die Große Gusen entspringt. Moment ..." – Sie denkt nach. Nach einigen Sekunden fährt sie fort: „Ich glaub' bei Reichenau. Weil – wenn man das Gusental hinauffährt, kommt man nach Reichenau. Dort ist der Fluss außerdem schon sehr schmal."
„Richtig!", ruft Christa, „erste Frage bestanden. Und wo entspringt die Kleine Gusen?"
„Die entspringt ... Moment, die Trasse der ehemaligen Pferdeeisenbahn führt durch das Tal der Kleinen Gusen, bis Neumarkt ungefähr, dann zweigt die Trasse rechts ab und das Tal zieht sich hinauf Richtung Hirschbach. Ja, ich glaub' die Kleine Gusen entspringt bei Hirschbach."
„Ausgezeichnet! Du solltest bei der Millionenshow mitmachen.
Nun zur nächsten Frage: Welche Bedeutung hatten die Flüsse vor der Erfindung der Motoren?"
„Du willst wahrscheinlich etwas über die Wasserkraft hören. Das Wasser hat Schaufelräder angetrieben. Über eine Welle und über Räder oder über einen Mechanismus aus Zahnrädern und Mahlsteinen konnte man Getreide mahlen. Oder

Baumstämme der Länge nach durchschneiden. Oder ein Hammerwerk betreiben, zum Breitklopfen von glühendem Eisen.
Die Bedeutung der Flüsse war früher also sehr groß. Jedenfalls größer als heute. Die Bevölkerung hatte Arbeit, und die Maschinen haben keine Abgase erzeugt. Natürlich ging alles viel langsamer. Wenn durch eine Trockenheit zu wenig Wasser war, oder im Winter, wenn die Bäche zugefroren waren, konnte gar nicht gearbeitet werden."
„Das genügt. Du hast die Prüfung bestanden. Sehr gut!"

Besuch einer Mühle

Jakob und sein Vater sind wieder einmal mit dem Fahrrad unterwegs. Obwohl das nicht ungefährlich ist, weil kaum Radwege existieren. „Leider haben wir keine holländischen Verhältnisse!", pflegt Jakobs Mutter zu sagen. Dort verläuft neben jeder Straße auch ein Radweg. Jakob ist der Cousin von Christa und ein Jahr jünger. Sie wohnen in Oberndorf neben der ehemaligen Pferdeeisenbahnstation. Sie haben, von Gallneukirchen kommend, mit ihren Rädern die Gusenbrücke überquert und fahren nun an der Ortstafel „Schweinbach" vorbei. Obwohl Jakob seit ein paar Wochen weiß, dass der Name nichts mit Schweinen zu tun hat, sondern mit dem einst wohlhabenden Geschlecht der Schweinpöcken, muss er innerlich lachen.
„Hörst du das Plätschern?", ruft sein Vater.
Sie sind beim *Mühner z'Schweinbach* (Müller in Schweinbach) angelangt und steigen von ihren Rädern.
Erwin, mit einer blauen Baumwollkluft bekleidet und einer

flaschengrünen Pudelhaube am Kopf, kommt aus der Tür, die ins Mühleninnere führt. Sein Gesicht ist rot und rund. Die Mütze, seine Nase und die Schulterteile der blauen Jacke sind mit weißem Staub angezuckert. Der sieht aber lustig aus, denkt sich Jakob.

„Ah, seid's scho do, woids eich s'Mühradl aunschaun. Guat dass vorher augruafn hobts."

Sie schütteln einander zur Begrüßung die Hände.

Nun führt Erwin die beiden Besucher zur Nordseite des Hauses, wo der Mühlbach vorbeifließt. Hier befindet sich ein schmaler Bretterverschlag. Die Bretter sind silbergrau, ein natürlicher Holzschutz aus Flechten.

Aus dem Bretterverschlag kommt ein rhythmisches schnelles Plätschern, das sie schon von weitem gehört haben: „Platsch, Platsch, Platsch!", untermalt von einem beständigen Rauschen. Sie stehen vor dem einzigen, noch funktionierenden Wasserrad der Region Gusental, das auch noch Arbeit verrichtet.

Erwin geht zur Rückseite, wo der Mühlbach unten hineinfließt, und öffnet eine Tür. Jakob folgt ihm. Zuerst sieht er fast nichts. Erst als sich die Augen an die Dunkelheit gewöhnt haben, sieht er das riesige Rad. Es dreht sich wassertriefend im Uhrzeigersinn. Das Rad ist so eingebaut, dass die Schaufeln ins Wasser ragen. Durch die Fließgeschwindigkeit des Wassers wird das Rad bewegt. Diese Art des Antriebs nennt man „unterschlächtiges Wasserrad".

„S'Wossa im Bach muass ungefähr oiwäu gleich hoch sein. Dort drüben, wo da Wiabach einarinnt, is a Schuwa, mit dem kaunma die Wossamenge regeln, die wos ma von da Gusen ozweigt. Gfoehts da?", fragt er dann noch Jakob, der ohne Scheu noch einen Schritt näher getreten ist. Das Wasser und der Luftzug, der vom rasch sich drehenden Mühlrad ausgeht, kühlen sein vom Radfahren erhitztes Gesicht.

„Wie alt ist das Wasserrad?", fragt er.
„Dös Radl is nu ned oed. I hobs grod vor a boa Joa neich gmocht. Owa die Müh is scho oed. Öda wia i und dei Vota zsaumm …"
„Wia oed?"
„Mindestens 300 Joahr! Mindestens!"
„Und dös is des letzte Mühlradl weit und breit, dös was nu arbeit'. Über die Welle, die se do draht, üwa Reamscheiben und Zaunradln und Woezn wiad nu Troad gmoehn. Für den Eigenbedoarf."
„Das ist ja fast ein Museum!", ruft Jakob.
Er hat Recht. In vielen Gegenden werden Mühlen wieder hergerichtet, um den Menschen zu zeigen, wie ohne Strom und ohne Motoren Eisen verarbeitet oder Getreide gemahlen wurde.
„Dürfen wir auch einen Blick in die Mühle werfen?", fragt Jakobs Vater.

„Sicher, a boa Minutn hob i nu Zeit, daunn muass i aufs Fäd foahn", entgegnet Erwin. Sie gehen ums Hauseck und gelangen über eine Stiege und eine Tür in den Raum, in dem die eigentliche Mühle aufgebaut ist. Auf den ersten Blick sieht alles sehr kompliziert aus. Über Räder laufen breite Lederriemen, Walzen drehen sich und Siebe rütteln. Es ächzt und rumpelt und staubt aus allen Ecken ohne Ende ...

Am Heimweg singen Vater und Sohn das Lied von der Mühle:

Es klappert die Mühle am rauschenden Bach, klipp – klapp,
bei Tag und bei Nacht ist der Müller stets wach, klipp – klapp,
er mahlet das Korn zu dem kräftigen Brot,
und haben wie dieses, so hat's keine Not,
klipp – klapp, klipp – klapp, klipp – klapp.

Flink laufen die Räder und drehen den Stein, klipp – klapp,
und mahlen den Weizen zu Mehl und so fein, klipp – klapp,
der Bäcker den Kuchen und Zwieback draus bäckt,
der immer den Kindern besonders gut schmeckt,
klipp – klapp, klipp – klapp, klipp – klapp.

Wenn reichliche Körner das Ackerfeld trägt, klipp – klapp
Die Mühle dann flink ihre Räder bewegt, klipp – klapp
Und schenkt uns der Himmel nur immer das Brot,
so sind wir geborgen und leiden nicht Not,
klipp – klapp, klipp – klapp, klipp – klapp.

TEIL II

ALBERNDORF

In der ersten urkundlichen Erwähnung aus dem Jahr 1417 heißt der Ort „Albandorf". Alban war wahrscheinlich der Name des Mannes, der hier die Rodung und Besiedlung leitete. „Alber" ist aber auch eine Weißpappelart, ihre Blattform wurde für die Gestaltung des Wappens herangezogen. Im Laufe der Zeit wurde aus Albandorf der gegenwärtige Name Alberndorf.
Im Gemeindewappen symbolisieren die Farben Grün die Landschaft, Gold die reifen Ähren auf den Feldern und Rot die Ziegeldächer der Häuser.

Die Entstehung der Gemeinde: Bei der Zusammenlegung der Katastralgemeinden Steinbach, Oberndorf und Pröselsdorf wurde die Ortschaft Alberndorf Hauptort. In Alberndorf standen nämlich bereits eine Kirche, ein Pfarrhof und eine Schule.
Obwohl andere Ortschaften, wie zum Beispiel Pröselsdorf, größer waren, wurde die Kirche in Alberndorf gebaut, weil bei der Pfarrgründung 1845 die Familie Narz den Baugrund kostenlos zur Verfügung gestellt hatte.

Nach Errichtung der Kirche und Gründung der Gemeinde 1850 entstand nach und nach ein Straßendorf.
Noch 1840 hatte Alberndorf selber nur aus drei Bauernhäusern bestanden.

Zu den Mühlen im Gusental

Auf dem Gemeindegebiet arbeitete eine große Anzahl bemerkenswerter Mühlen. Die meisten lagen an der Großen Gusen, vier aber auch am Steinbach. Nur wenige sind noch erhalten. In Betrieb sind noch die Sägemühlen Stadler und Nagler. Vor mehr als einem halben Jahrhundert wurde still und leise das große „Mühlensterben" eingeleitet. Damit meint man, dass die meisten Getreidemühlen, die im Laufe der Jahrhunderte entstanden waren, ihren Betrieb einstellten. Ein Grund dafür war, dass die Bauern nicht mehr das Brot selber buken, sondern beim Bäcker kauften.
An einem schönen Tag zu Beginn des Monats Mai fährt Christas Vater das Tal der Großen Gusen aufwärts. Mit einem Fahrzeug, das in der Stadt Steyr hergestellt wurde und das Wappen der Firma Puch trägt. Es ist aber weder ein Auto, noch ein Traktor, sondern ein – Fahrrad. Es ist 25 Jahre alt und hat „nur" drei Gänge. Er ist damit schon viele tausend Kilometer geradelt, nicht nur in Österreich, sondern auch in Tschechien, Ungarn, Irland und Italien. Es hat ihn noch nie in Stich gelassen, daher sieht er auch keinen Grund, sich von einem so treuen Gefährt zu trennen.

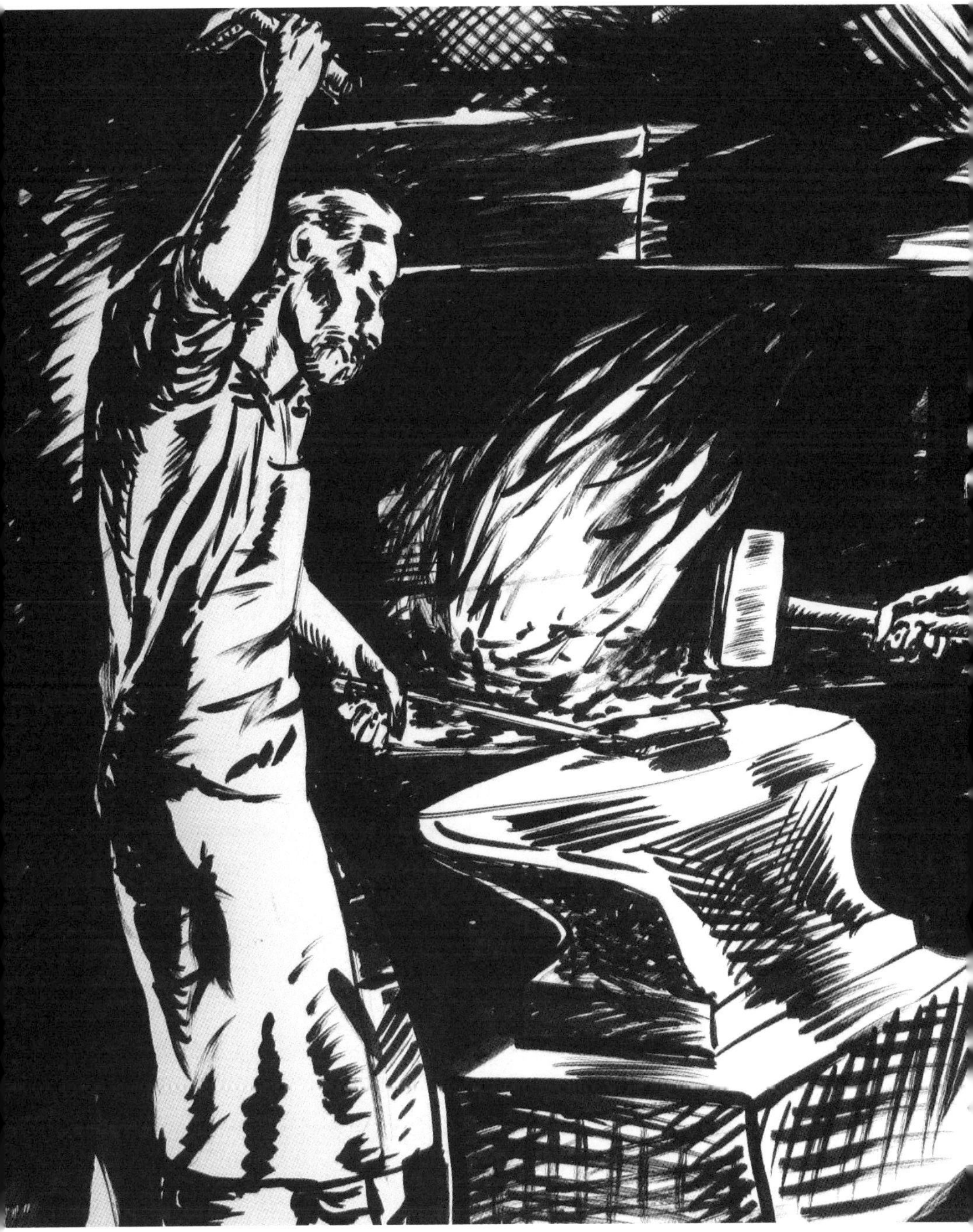

Die Klamschmiede

Er strampelt am ehemaligen Elektrizitätswerk Mayrhofer vorbei und an der Bruckmühle. In Klamleiten, wo der Weg hinunterführt zur Klamschmiede, steigt er vom Rad. Vor ihm, halb verdeckt von der blühenden Krone eines Apfelbaums, liegt eine der ältesten Hammerschmieden des Mühlviertels. Sie wurde 1220 das erste Mal erwähnt. Hier wurde alles geschmiedet und hergestellt, was man damals aus Eisen brauchte. Wahrscheinlich wurden hier auch die Waffen für die Herrschaften in Riedegg und im Klamschloss, das heute Ruine ist, angefertigt. Erst als die Gusenschmiede (heute Friedenshort) in Betrieb ging, verlor die Klamschmiede an Bedeutung.

Enten und Hühner spazieren um die Gebäude und ein Auto parkt davor. Der derzeitige Besitzer, Norbert Weidinger, ist also zu Hause.
Christas Vater trifft ihn in der Schmiede an. Er renoviert eben eine Tür, die hinten hinausführt zum Wehrbach und zum leider schon ziemlich verfallenen Wasserrad. Auch wenn sich der große eiserne Hammer, mit dem einst das glühende Metall von schwarzen Gesellen geformt wurde, schon längst nicht mehr bewegt, benützen Norbert und sein Sohn die Schmiede noch immer als Werkstatt. Um, beispielsweise, ihre schweren Motorräder zu reparieren. Und doch ist alles noch so, als hätten die Schmiede ihre Werkstatt erst vor ein paar Monaten verlassen.
Eine Unmenge von Zangen und Hämmern aller Größen hängen griffbereit an den steingemauerten Wänden. In einer riesigen Feuerstelle wurde das Eisen zum Glühen gebracht. So eine Feuerstelle mit Rauchfang nannte man Esse. Sie bildete gleichsam das glühende Herz einer jeden Schmiede.

In die Klamschmiede kamen die Leute von nah und fern. Norbert erzählt von einem Buben, der von seinem Vater einige Pflugscharen umgehängt bekam und damit zu Fuß von Altenberg zur Klamschmiede gehen musste. Er ließ sie dort schärfen und eilte mit ihnen noch am selben Tag wieder zurück.

An der Klamschmiede führte zwischen Wohnhaus und Werkstatt auch ein Weg hindurch. Die Bewohner von Kottingersdorf stiegen früher über die so genannte „Himmelsstiege" hinunter zur Klamschmiede, gingen über die Brücke, überquerten die Gusenstraße und kletterten dann am gegenüberliegenden Hang wieder hinauf. So kamen sie am schnellsten nach Alberndorf zur Kirche.
Norbert zeigt auf ein schmales Gatter zwischen dem Haus und der Schmiede. Das war also der Durchgang, den man benützen musste, wenn man von der „Himmelsstiege" herunterkam, kaum einen halben Meter breit. Ja, die Leute waren damals noch schlank, heute würde jeder Zweite hier stecken bleiben ...

An der Giebelmauer des Wohnhauses fällt ein Ziffernblatt auf. Es hat nur einen Stundenzeiger. Vermutlich diente er den Arbeitern in der Hammerschmiede als Zeitangabe. Sie brauchten ja nur die vollen Stunden wissen. Das Uhrwerk war in der dahinter liegenden „Oberen Stube" eingebaut. Es galt als seltenes Meisterwerk alter Uhrmacherkunst, war aus Holz angefertigt und hatte steinerne Gewichte. Leider wurde diese Uhr um etwa 1960 von der damaligen Besitzerin an zwei Frauen verliehen. Sie sagten, sie würden die Uhr für eine Ausstellung in St. Florian benötigen. Norbert bestätigt, dass vom alten Uhrwerk kein einziges Rädchen mehr aufge-

taucht ist. Dieses Uhrwerk wäre heute nicht nur eine Attraktion, sondern auch eine Kostbarkeit.
Vielleicht hat jemand, der dieses Buch liest, etwas von der alten Uhr gehört.

Das Klamschloss

Neben Riedegg gab es auf dem Gemeindegebiet von Alberndorf auch noch eine zweite Burg. Steigt man auf der schon genannten „Himmelsstiege" bergan, kommt man an übereinander getürmten Steinblöcken vorbei. In einer Höhlung dieser Steinblöcke war ein Backofen zum Brotbacken eingebaut. Geht man noch weiter, gelangt man auf ein Grundstück, das als „Burgstall" bezeichnet wird. Auf einem zur Gusen vorspringenden Rücken steht die Ruine. Am deutlichsten sind die Reste eines Rundturmes zu erkennen.

Christas Vater steigt, zuerst flussabwärts gehend, durch raschelndes Laub direkt zur Ruine hoch. Der Weg ist steil und rutschig. Er untersucht die spärlich vorhandenen Mauerreste. Wie lässt sich die Tatsache erklären, dass von der einstigen Burg nur mehr wenig zu sehen ist? – Die Bauern, die unter der Herrschaft zu leiden hatten, benötigten stets Baumaterial, um die durch Krieg oder Feuer zerstörten Häuser neu aufzubauen oder um ihre Höfe zu vergrößern. Sie waren nicht dumm und verwendeten die schön behauenen Steine der verlassenen Burg.
Christas Vater sucht den alten Steig und geht auf ihm hinunter ins Tal.
Die Reise mit dem Fahrrad geht weiter.

Zur Pfahnlmühle

Christas Vater fährt an der Pfahnlmühle vorbei und an der Tischlerei Lang. Von der einst großen Mühle steht nur noch das Wohnhaus. Der Mühlbach ist teilweise abgedeckt; man kann sich heute nur schwer vorstellen, dass auch hier eine Mühle gewesen sein soll.
Sie ging 1635 in Betrieb. Hier wurde Getreide gemahlen, aber auch Holz geschnitten. Die Bauern der Umgebung lieferten Stämme von Fichten, Föhren und Tannen. Daraus wurden Bretter für eine Stadlwand oder Balken für einen Dachstuhl geschnitten. Sowohl die Mühle als auch das Sägewerk waren voll ausgelastet. Die Mühlsteine und die Sägeblätter wurden durch zwei oberschlächtige Wasserräder angetrieben. Der Wehrbach ist auch heute noch 230 Meter lang. Der Betrieb wurde 1954 eingestellt, und das Wasser des Wehrbaches treibt heute eine Turbine an, die das Gebäude mit Strom versorgt. Wie ein Symbol dafür brennt Tag und Nacht eine Glühbirne vorm Haus.

Bis 1960 war die damals noch schmale Straße mit einem Heustadl überbaut. Der Verkehr wurde tunnelartig durch die Scheune geführt. Sogar der Linienbus, der zwischen Reichenau und Gallneukirchen verkehrte, musste das große Stadltor passieren. War der Dachträger zu hoch mit Gepäck beladen, wurde es bei der Durchfahrt heruntergerissen.
Als gegen Ende des 2. Weltkriegs die Panzer der amerikanischen Armee von Reichenau nach Gallneukirchen fahren wollten, wurden sie durch die Engstelle an der Durchfahrt gehindert. Die Soldaten haben, ohne lange zu Fragen, die Scheunendurchfahrt erweitert. Jahre später ging man daran, den Stadl abzureißen.

Die Zunahme des Verkehrs und das Aufkommen größerer Verkehrs- und Transportmittel haben nicht nur hier zu großen Veränderungen in der Landschaft und zum Abriss ganzer Häuser geführt.

Über die Pfahnlmühle ist folgende Sage erhalten:
Der Pfahnlmüller hatte an einem langen Winterabend mit seinem Mahlknecht und einigen Bauern Karten gespielt. Es wurde tarockiert und die Zeit verging wie im Flug. Der Sturmwind heulte und brauste um das Mühlengebäude. Plötzlich klopfte jemand heftig an die Haustür, um sich Gehör zu verschaffen. Draußen stand ein vornehm gekleideter Mann mit einem grünen Hut auf dem Kopf. Der Fremde bat, sich ein wenig unterstellen zu dürfen. „Ich habe noch einen weiten Weg vor mir, und im Schneegestöber komme ich leicht vom Weg ab!" – „Na freilich darf der Herr sich unterstellen. Bitte treten Sie ein!", sagte der Pfahnlmüller. Bald wurde der Fremde eingeladen, beim Tarockspiel mitzumachen.
Es war früher allgemein üblich, auch in der Stube den Hut aufzubehalten, und so war den Kartenspielern am Fremden nichts Besonderes aufgefallen. Mitten in der Stube lag zusammengerollt Nero, der schwarze Bernhardinerhund, während die Pfahnlmüllerin in der fensterlosen Küche damit beschäftigt war, ein Häfen voll Körnerkaffee zu sieden. Im Kachelofen prasselten die Scheiter und eine behagliche Wärme hatte sich in der Stube ausgebreitet. Dicker Pfeifen- und Zigarettenrauch behinderte die Sicht, so dass man kaum bis zur Stubentüre sehen konnte. Das Spiel war in vollem Gang. Gewinn und Verlust wechselten von einem zum anderen. Da fiel einem Spieler eine Karte auf den Fußboden. Als er sich bückte, um sie aufzuheben, wäre er vor Schreck beinahe vom Sessel gefallen: Der fremde Spieler hatte einen Bockfuß!

Das Spiel wurde sofort unterbrochen. Es entstand eine große Aufregung, worauf der unbekannte Gast – es war der Leibhaftige – schleunigst die Flucht ergriff. Er flüchtete schnurstracks durch das geschlossene Fenster. Dabei riss er den granitenen Fensterstock heraus, dass es nur so krachte. Dort, wo eben noch ein Fenster mit eisernem Fensterkreuz gewesen war, gähnte nun ein großes Loch. Und ein Gestank nach Pech und Schwefel erfüllte die Stube.
Da es Winter war, hat man in aller Eile anstatt des fehlenden, steinernen Fensterstocks einen hölzernen angefertigt. Dieser ist bis heute – als letztes Fenster an der Straßenseite – zu sehen.

Die Höllwenzen

Wo die Straße hinauf nach Alberndorf abzweigt, läutet Christas Vater an der Tür eines neuen Wohnhauses. Er fragt nach der berühmt-berüchtigten Höhle. Die Frau, die öffnet, sagt ihm, sie habe zwar von der Höhle gehört, wisse jedoch nicht ihre Lage. Christas Vater fährt trotzdem weiter bergan. In unmittelbarer Nähe der Burmühle oder Puchmühle soll sie sich befinden. Also Augen auf. Wo steht ein Haus in Gusennähe? Dort, wo der Wanderweg abzweigt nach Weikersdorf, stehen einige Häuser.

Erst im dritten Haus bekommt er Auskunft. Er muss wieder ein Stück zurück. Hätte er beim Heraufradeln genau die Böschung rechts der Straße beobachtet, hätte er den Höhleneingang vielleicht sogar vom Fahrrad aus sehen können.
Eine kurze Kletterei und er steht vor der sagenumwobenen Höhle. Es gibt sogar Vermutungen, dass in ihr ein unterirdi-

scher Gang endet, der vom Klamschlössl oder von der Burg Reichenau herunterführt.

Er schlüpft durch den schmalen, etwa zwei Meter hohen Felsspalt. Dunkelheit umfängt ihn. Nur ein paar Schritte und schon ist man in einer anderen Welt. Leider habe ich keine Taschenlampe mitgebracht, ärgert sich Christas Vater. Aber für eine schnelle Orientierung tut's auch ein Feuerzeug. Ein paar Meter vor ihm klafft ein noch schmälerer Spalt. Er ist so eng, dass für einen erwachsenen Menschen ein Vordringen unmöglich ist. Dahinter soll sich noch eine Höhle befinden. Der Sage nach befindet sich in dieser Höhle, genannt „Höllwenzen", eine Tür, hinter der ein Schatz verborgen sein soll. Der Teufel, der hier hauste, muss also ein ziemlich schlanker Bursche gewesen sein ...

Vor vielen Jahren lebte der Teufel in dieser Höhle. Er hatte dort ungeheure Schätze angehäuft. Von Zeit zu Zeit, in Vollmondnächten, zählte er das Geld und wusch es mit Gusenwasser. Dann schaute er es an und erfreute sich an seinen Schätzen.

Eines Nachts klopfte es an der Haustür der Burmühle. Die Müllerin war alleine zu Hause. Als sie öffnete, erschrak sie. Vor der Tür stand ein Mann mit einem Pferdefuß! Sie wollte im nächsten Moment die Türe wieder schließen, doch der Mann beruhigte sie und bat demütig: „Ach liebe Frau, leih mir bitte ein Leintuch!" – Die Müllerin brachte kein Wort heraus. Sie erkannte in der Gestalt den Teufel und getraute sich nicht, die Bitte abzuschlagen.

Mit schlotternden Knien holte sie das Leintuch. Der Teufel nahm es und verschwand damit in der Finsternis. Er brauchte das große Tuch, um darauf das gewaschene Geld zu trocknen und zu zählen. Nach einigen Stunden klopfte er aber schon wieder. Er brachte das Leintuch zurück.

Am nächsten Morgen betrachtete die Müllerin das Leintuch. Sie staunte nicht schlecht, als sie darin drei große goldene Taler fand. Einen Moment lang stellte sie sich vor, was sie nicht alles darum kaufen könnte. Drei Taler aus gediegenem Gold – das war viel Geld! – Andererseits wusste sie, dass es Teufelsgeld war. So beschloss sie, es am nächsten Sonntag in den Opferstock der Pfarrkirche zu werfen.

Am Sonntag ging sie zur Kirche und warf die drei Taler in den Opferstock. Obwohl es ihr nicht leicht fiel, beruhigte sie so ihr Gewissen. Als sie das Leintuch nach dem Heimkommen waschen wollte, entdeckte sie darin drei große schwarze Löcher – genau an der Stelle, wo die Taler gelegen waren.

Zumindest ist mir eine Begegnung mit einem Teufel erspart geblieben, sagt sich Christas Vater und steigt auf sein Rad. Die Reise geht weiter. Er kurbelt die schmale Strasse hinauf nach Matzelsdorf. Oben angekommen, erhitzt und durstig, empfängt ihn ein kalter Wind. Das Wetter schlägt um. Dunkle Wolken ziehen von Westen herein. Auf den Bergen im Süden

liegt noch Schnee. Er betrachtet die lange Kette vom Salzkammergut über das Tote Gebirge bis zum Sengsengebirge. Und im Osten, genau in der gedachten Verlängerung eines Weges, erhebt sich die weiße Pyramide des Ötschers. Rechts vom Fuhrweg blühen Birnbäume. Ihre Blüten und der ebenfalls noch schneebedeckte Ötscher in der Ferne erinnern Christas Vater an den Fujiyama. Genauer gesagt an ein Bild von diesem heiligen Berg der Japaner. Es gibt einen schönen farbigen Holzschnitt von Hokusai mit dem Motiv des heiligen Berges. Und an dieses muss er sich erinnern, als er vor dem Ortseingang Matzelsdorf neben den blühenden Zweigen der Birnbäume den Ötscher sieht ...
Aber in Japan kann er seine Reise nicht beenden. An der schönen Fassade mit Stuckverzierungen des Hauses Matzelsdorf 5 vorbei fährt er weiter.
Der Wind bläst über die noch kahlen Felder. Ein richtiges Hochland. Hier reifen die Früchte und das Getreide viel später als im Tal. Über Weikersdorf, Kelzendorf, Kaindorf und Weignersedt radelt er hinunter nach Steinbach. Dort kehrt er ein, bei der ehemaligen Mittermühle, die heute ein beliebtes Gasthaus ist. Er plaudert mit Rosa und Fritz, jausnet und notiert das Erlebte in einem Notizbuch. Dann fotografiert er die alte Kegelbahn. Eine echte Rarität. Sie sieht noch so aus wie vor hundert Jahren. Wer weiß wie lange die noch steht ...

Wie der Teufel die Steinbacher ersäufen wollte

Vor vielen Jahren waren die Bewohner des Tales noch sehr fromm. Der Teufel bekam keine Macht über sie, was auch immer er versuchte. Aus lauter Wut darüber plante er, die Bewohner des Tales zu ersäufen. Ja, so dachte der Teufel. In einer mondklaren Nacht begann er, sein Vorhaben in die Tat umzusetzen. Er wollte einen Damm bauen und den Bach so hoch aufstauen, bis das Tal überschwemmt war. Zu diesem Zweck trug er in einem Sack von überall Steine heran, soviel er tragen konnte. Größere Felsen wälzte er aus den Wäldern über Felder und Wiesen ins Tal. Er arbeitete jede Nacht. Die Mauer wuchs und wuchs.

Eines Nachts, als er wieder Steine keuchend ins Tal trug, kam ihm ein Mann entgegen. Der Teufel dachte: „Ein Mann, der nachts unterwegs ist, kann nur vom Wirtshaus kommen. Ich muss die Gelegenheit nützen, um endlich wieder einmal eine Seele zu erhaschen!" Er stellte den ausgebeulten Sack mit den Steinen auf den Boden und nahm die Gestalt eines Jägers an. Derartig getarnt näherte er sich dem Mann. Er ging ein paar Schritte neben ihm in die gleiche Richtung, dann fragte er ihn: „Wohin so spät des Nachts?" Der Fremde gab keine Antwort. So versuchte der Teufel es noch einmal: „War's heute lustig im Gasthaus, weil es so spät geworden ist?"

Doch der Mann gab noch immer keine Antwort. Plötzlich kam der Mond hinter einer Wolke hervor. Da bemerkte der Teufel, dass der nächtliche Geher etwas in den Händen hielt. Nun fiel ihm auch auf, dass der Mann ständig murmelte. Im nächsten Moment leuchtete im Mondlicht unter den Fäusten des Mannes ein silbernes Kreuzchen auf. Nun machte dieser auch noch ein Kreuzzeichen, murmelte etwas von der Mutter Gottes und sagte, etwas lauter, „Amen!"

Da fuhr dem Teufel der Schreck in die Glieder. Er hatte keinen Sünder, sondern einen frommen Mann neben sich, der auf dem Weg war nach Gallneukirchen zur Frühmesse!

Er fasste den Sack mit den Steinen und wollte auf und davon. In der Eile erwischte er jedoch den Sack verkehrt. Die Steine rumpelten heraus und den Hang hinunter. Sie schienen immer schneller und größer zu werden, wie sie so dahinpolterten. Sie bewegten sich genau auf die schon fast fertige Staumauer zu. Die Steine krachten hinein ins Flussbett und durchschlugen die Mauer. Funken sprühten und Schwefelgeruch breitete sich aus im Tal. Der Teufel war verschwunden. Die Staumauer ebenfalls. So kamen die vielen Steine ins Tal, das von nun an Steinbachtal genannt wurde.

Eine Hexerei

Vor langer Zeit lebte in einem Dorf der Gemeinde eine alte Wahrsagerin. Bei den Leuten in der Umgebung galt sie als Hexe. Sie hatte eine kranke Ziege, die ihr ein Bauer schlachtete. Von diesem Tag an war der Bauer krank. Die Leute meinten, die Wahrsagerin hätte ihn verhext. Soviel der Bauer auch aß, er blieb zaundürr. Die Leute sagten, dass es mit ihm zu Ende gehe. Auch das Vieh kränkelte und die Hühner starben der Reihe nach; auch im Haus geschahen seltsame Dinge.
In seiner Not ging der Bauer zum Rauchfangkehrer nach Schwertberg. Dieser hatte einen guten Ruf als Hexenaustreiber. Der Bauer erzählte ihm alles, was vorgefallen war. Der Rauchfangkehrer meinte: „Dös muass i ma aunschaun!"
Er kam sofort mit nach Alberndorf ins verhexte Bauernhaus. Um Mitternacht schnitt er von allen Türen des Hauses ein Stückchen Holz ab und riss vom Gewand jedes Hausbewohners einen kleinen Fetzen heraus.
All das gab er, zusammen mit einigen Dingen, die niemand sah, in einen Topf. Dann sagte er zur Bäurin: „Heiz tüchtig ein!" Die Bäurin ging hinaus ins Vorhaus, um Reisig zu holen. Auf einmal konnte sie sich nicht mehr von der Stelle rühren. Es war, als würde jemand an ihrem Rock hängen. Sie begann zu schreien. Der Rauchfangkehrer in der Stube lachte und sagte: „Dös haunima denkt, dass a so kimmt!"
Er ging zur Bäurin und flüsterte ihr etwas ins Ohr. Danach konnte sie sich wieder rühren. Nun wurde gemeinsam eingeheizt. Bald begann der Inhalt des Topfes auf der Ofenplatte zu sieden. Doch das war nicht alles. Aus dem Topf drang plötzlich ein fürchterliches Gejammer. Das war zuviel. Der Bauer und die Bäurin liefen Hals über Kopf aus dem Haus.
Als sie wieder zurückkamen, hatte der Rauchfangkehrer den

Topf mit einem Stück Stoff zugebunden. Er befahl dem Bauern, den Topf um Mitternacht in ein fließendes Wasser zu schmeißen. Beim Weggehen dürfe er sich keinesfalls umdrehen. Dann würde er am Heimweg etwas finden, das er aber ja nicht aufheben dürfe. Sollte er alle diese Proben bestehen, werde innerhalb von drei Tagen jene Person kommen, die das Haus verhext habe. Sie werde kommen und sich etwas ausleihen wollen. Man solle es ihr aushändigen, denn sie werde das Geliehene ohnehin nicht heimtragen können …

Danach verabschiedete sich der Rauchfangkehrer. Der Bauer hat alles gemacht wie befohlen. Auf dem Heimweg vom Bach sah er tatsächlich ein funkelnagelneues Taschenmesser liegen. Er hob es nicht auf, obwohl er es so gut hätte brauchen können.

Tatsächlich ist am darauffolgenden Tag die Wahrsagerin aufgetaucht. Sie hatte den Kopf so dick verbunden, dass nur die Augen herausschauten. Sie bat um einen Laib Brot. Die Bäurin gab ihr einen Laib. Als die Wahrnsagerin damit zur Grundgrenze kam, konnte sie das Brot nicht mehr tragen. Sie legte es nieder und ging davon.

Von diesem Tag an ist in dem Haus wieder alles anders geworden. Die Bauersleute waren erleichtert: „Nun geht alles wieder seinen rechten Gang!" Und das ist so geblieben bis heute.

ALTENBERG

Das Gemeindewappen zeigt über einem grünen Dreiberg auf goldenem Grund fünf halbkreisförmig angeordnete rote Rosen mit grünen Kelchblättern.
Der Dreiberg symbolisiert die Lage der Gemeinde zwischen Kulmer- (oder Hagerberg), Wetter- und Geiselsberg.
Die Rosen sind das Sinnbild für die Pfarrheilige Elisabeth von Thüringen. Die Legende berichtet, dass sie gegen den Willen ihres Gemahls den Armen heimlich Speisen brachte. Als sie von ihm dabei überrascht wurde, verwandelten sich diese in Rosen.
Altenberg wurde im Jahr 1245 das erste Mal urkundlich als „Alkenperge" erwähnt. Man darf davon ausgehen, dass schon im 11. Jahrhundert ein Gutteil des heutigen Gemeindegebietes besiedelt war. Im 16. Jahrhundert wurde die hoch aufragende spätgotische Pfarrkirche errichtet.
Die Bauern des heutigen Gemeindegebietes waren mehreren Grundherrschaften verpflichtet. Die meisten von ihnen lagen gar nicht auf dem Gebiet der heutigen Gemeinde. Die wichtigsten waren: Wildberg, Waldenfels, Riedegg, Auhof, Reichenau, Steyregg und Luftenberg.

Die Ruine Zöch

Nähert man sich dem Ortszentrum von Osten, hält man es nicht für möglich, dass sich nur 300 Meter unterhalb der Kirche eine feuchte Senke ausdehnt. Sie befindet sich genau im Süden unterhalb eines mit Wohnhäusern verbauten Hanges. Das Zentrum dieser Geländemulde bildet ein ausgedehnter Teich, aus dem sich eine Insel erhebt. Im Sommer wirkt sie dunkel und ist mit Bäumen und Sträuchern zugewachsen. Sieht man jedoch genauer hin, kann man zwischen Blättern und Zweigen Mauern erkennen. Diese sind die Reste eines ehemaligen „Hochhauses". Was uns heute als romantisch erscheint, dürfte im Mittelalter für die Bewohner der Umgebung ein Hort herrschaftlicher Unberechenbarkeit gewesen sein. Der Bau war für das Eintreiben von Abgaben errichtet worden. Er war zwei Stockwerke hoch, hatte ein steiles Dach, und ein Wassergraben hielt ungebetene Gäste fern. Solche Hochhäuser gab es weit über hundert alleine in Oberösterreich.
Hochhäuser wurden sie weniger wegen ihrer Höhe genannt, sondern weil sie die hohe Herrschaft repräsentierten. Sie waren mancherorts die ersten befestigten Häuser und dienten nicht nur als Wohnung für die Verwalter, sondern beherbergten auch die Jagdgesellschaft des Lehensherrn.
Bewohner eines solchen Hochhauses waren oft auch „Falkner". Die richteten jene Greifvögel ab, die der Jagd dienten. Die „Beize" – so nannte man die Jagd mit den abgerichteten Jagdfalken – wurde im Frühjahr und Herbst abgehalten. Wenn die Falkner mit ihren Knechten und die Jäger mit ihren Hunden ausrückten, muss so eine Jagdgesellschaft ein prächtiges, heute unvorstellbares Bild abgegeben haben.
Ruine und Fischteich befinden sich nach wie vor im Besitz eines Starhembergers. Dazu passt ein Gerücht: Von der Ruine

soll ein unterirdischer Gang bis zum Schloss Riedegg führen. So ein Gang müsste einige Kilometer lang sein. Heute erinnert auch der „Starhembergerweg" am östlichen Ende des Teiches an die ehemalige Herrschaft. Ist es von symbolischer Bedeutung, dass dieser Weg eine Sackgasse ist?

So wie jeder alte Ort hat auch dieser eine Sage. Sie bezieht sich auf einen Schatz, der in der Ruine vergraben sein soll. Früher haben immer wieder Leute heimlich danach geschürft, vor allem in der Nacht und bei Vollmond. Viele haben sich derartig hineingesteigert, dass sie Tag und Nacht keine Ruhe mehr fanden; ihr ganzes Leben opferten sie der Schatzsucherei. Einige gaben dafür auch noch Geld aus und stürzten sich und andere ins Elend.

Die Oberbairinger Kapelle

Auch diese Kapelle hat eine interessante Geschichte. Auf der alten Straße beim Hansbergerhaus stand einst ein Marterl mit dem Bild des Hl. Florian. Es gehörte zum Franzbergerhaus. Als um das Jahr 1910 die jetzige Straße gebaut wurde, war dieses Marterl im Weg. Es wurde abgerissen. Der Franzberger bekam Geld, um das Marterl wieder aufbauen zu lassen. Es kam aber nie dazu. Das Bild von diesem Marterl war eine Blechtafel, auf die der Hl. Florian gemalt war. Das Bild hat sich die Verwandte vom Mayrhofer, die Wimmerin in Oberbairing, zu sich ins Haus genommen. Als nach Jahren der Dachdecker das Dach bei Frau Wimmer ausbessern musste, verlangte er ein Brett zum Abdecken des Dachfensters. Da sie nichts Besseres fand, brachte sie ihm das Blechbild des

Hl. Florian. Da sagte der Dachdecker, Schuster-Hansl genannt: „Das ist ja der heilige Florian, den kann ich doch nicht hinnageln." Da gab sie zur Antwort: „Nagel ihn nur hin, es ist ohnehin nichts mehr mit ihm."

Es verging kein Jahr, da zog ein schweres Gewitter auf. Es war August, und es hatte zu dämmern begonnen. Da schlug ein Blitz ins Franzbergerhaus ein. Im Nu stand das ganze Haus in Flammen. Ein paar Minuten später schlug auch ein Blitz in das Haus der Wimmerin ein. Beide Häuser waren noch mit Stroh gedeckt. Sie brannten in der Nacht bis auf die Grundmauern nieder.

Dieses Unglück brachte die Bewohner der niedergebrannten Häuser zum Nachdenken. Sie waren schmerzlich daran erinnert worden, wie sie mit dem Bild des Schutzpatrons umgegangen waren. Die Dorfbewohner sagten darauf: „Das weggerissene Marterl sollte wieder aufgebaut werden." Es dauerte aber noch Jahre, bis ein Theologe aus Oberbairing, Leopold Lang, eine Kapelle zu errichten begann. Jedoch nicht dort, wo einst das Marterl stand, sondern mitten im Dorf. Sie wurde 1936 eingeweiht.

Die im Schnee verstreute Post

Zur Zeit unserer Urgroßväter wurde die Post mit der Postkutsche von Ort zu Ort transportiert. Ein Briefträger verteilte dann die Post zu Fuß. Die Haushalte bekamen damals nur selten Briefe, Postkarten oder Zeitungen. Jene Post, die heute die größte Menge und das meiste Gewicht ausmacht, gab es damals überhaupt noch nicht. Ich meine damit die bunt bedruckten Blätter und Broschüren, die der Werbung dienen. Auch die schweren Versandkataloge mussten die Briefträger damals noch nicht herumschleppen.
Die Altenberger hatten sich die Post aus Gallneukirchen selber zu holen. So auch noch im Winter 1945/46, nachdem der 2. Weltkrieg zu Ende gegangen war. Der Postbedienstete Peter Stadler brachte jeden Tag auf einem Zugschlitten die Post nach Altenberg. Der Birner-Bauer in Kulm hatte einen großen schwarzen Hund. Den borgte sich der Postbedienstete aus, um den Schlitten nicht alleine ziehen zu müssen.

Damals hatten die meisten Hunde noch eine Aufgabe oder mussten eine sinnvolle Arbeit verrichten. Es war durchaus üblich, dass man Hunde auch als Zugtiere verwendete.

Der Hund vom Birner war fast so groß wie ein Bernhardiner; er zog den mit Postsäcken beladenen Schlitten stets hurtig und ohne Probleme bergauf. Eines Tages passierte folgendes:

Im so genannten Hungerholz lief dem Hund, von einem Schritt zum nächsten, ein Hase über den Weg. Na, was glaubst du, was jetzt passierte. Der sonst so gutmütige Hund war plötzlich nicht mehr zu halten. Mitsamt dem Schlitten nahm er die Verfolgung auf. Er rannte, wie der Hase, über Stock und Stein. Links und rechts purzelten die Postsäcke in den Schnee, dass der Pulverschnee nur so staubte. Der Postbedienstete lief schreiend hinterher. Zuerst sammelte er den Geldsack ein. Der war der wichtigste. Er versteckte ihn im Schnee und trug alle anderen Säcke zu einem Haufen zusammen. Dann folgte er den Schlittenspuren. Dort wo der Schlitten umgekippt war, konnte der Postbedienstete den Hund endlich einholen.

Er führte den Hund samt Schlitten zu den Postsäcken zurück. Auch der Geldsack wurde wieder aufgeladen. Nun ging's ohne Unterbrechung, aber langsam, bergauf.

Im Postamt Altenberg sortierte der abgekämpfte Postbeamte die Briefe. Diesmal konnte er erst am Nachmittag mit dem Zustellen beginnen. Vielen musste er sein Abenteuer erzählen. Mehr als einmal schimpfte er auch auf den Hasen und auf den Hund. Erst als die Nacht hereingebrochen war, hatte er sein Tagwerk beendet.

In der Nacht hatte er einen schrecklichen Traum. Er ging durch einen verschneiten Wald und suchte den Boden ab nach Schlittenspuren. Dort und da wühlte er mit bloßen Händen im Schnee herum. Er suchte nach dem Geldsack und konnte ihn nicht finden …

Der Steininger und der Teufel

Im Mühlviertel gibt es viele Namen mit Stein. So auch in Altenberg: Steiner, Steinbeiß, Steinbichler, Steiner, Steinhuber, Steininger, Steinkogler, Steinöcker und so weiter.

Der Steininger war ein Bauer, dessen Name nicht zufällig auf ihn gefallen war. Auf seinen Wiesen konnten die Kinder fangen spielen, indem sie von Stein zu Stein sprangen. Das Mähen mit der Sense war eine äußerst spießige Angelegenheit; sie war zeit- und schneidraubend. Und am Ende war der Ertrag mehr als dürftig. Das kleine Feld zwischen den Steinkobeln, auf dem Korn angebaut wurde, reichte nicht mehr für Menschen und Vieh. Es zu erweitern erschien dem Steininger menschenunmöglich.

Beim Steineklauben hat er wieder einmal mit seiner Frau über die vielen Steine auf ihrem Grund gesprochen; wieder waren sie auf keinen grünen Zweig gekommen. Sie ging heim, er aber setzte sich auf den Rain und stopfte sich die Pfeife. Da saß auf einmal jemand neben ihm. „Ich wüsste schon, wie's zu machen wär", sprach dieser. „Wie? Was?", stieß der erschrockene Bauer hervor und rückte zur Seite. „Ich schaff dir die Steine weg", fuhr der Fremde fort, „und mach dir ein schönes Feld!" – Der Steininger sah ihn von der Seite genau an. Er ahnte schon, mit wem er es zu tun hatte. „Ja, und was verlangst du denn dafür?", wollte er wissen. „Überlass mir, was auf diesem Feld über der Erde wächst, damit will ich mich zufrieden geben." Der Bauer willigte ein, der Fremde war verschwunden. Zum großen Erstaunen aller fehlten tags darauf tatsächlich die Steine in den Wiesen, und ein Streifen Land zeigte frisch gepflügte, fette Schollen.

Als der Teufel im Herbst wieder beim Steininger auftauchte, meinte er, für das neu geschaffene Feld seinen Lohn abholen zu können. Da darauf aber nur Rüben angebaut waren, musste er sich mit den Rübenblättern begnügen. Ein zweites Mal sollte ihm das nicht passieren; deshalb verlangte er für das folgende Jahr den unterirdischen Anteil der Ernte.

Dem Bauern war das recht. Er säte diesmal Hafer.

Im Herbst machte der Teufel wieder ein langes Gesicht und schlug ein anderes Geschäft vor: „Verschreib mir deine Seele. Und ich will dir dafür diesen Stiefel mit Dukaten anfüllen!"

Auch dagegen hatte der Steininger nichts einzuwenden. Während der Teufel das Geld herbeischaffte, machte er im Strohdach ein Loch und steckte den Schaft des Stiefels hindurch. Dem Stiefel hatte er jedoch vorsorglich die Sohle abgetrennt. Danach ging er vors Haus und zeigte dem anrückenden Teufel den Stiefel auf dem Dach. Der war mit einem schweren Sack gekommen. Die Dukaten rollten ohne Ende in den Stiefel. In der Stube räumte der gewitzte Bauer die aufgefangenen Geldstücke beiseite und wunderte sich über die Torheit des Teufels. Dem war schließlich der Sack leer geworden, und der Stiefel war noch immer nicht voll. Er sah, dass er auch diesmal der Geprellte war und machte sich auf Nimmerwiedersehen zornig davon.

ENGERWITZDORF

Der Name des Ortes leitet sich ab vom Geschlecht der „Engilpoldistorfer"; sie wurden im Jahre 1125 das erste Mal in einer Urkunde erwähnt. Erst 1633 taucht der heute übliche Name Engerwitzdorf auf. Die Gemeinde umfasst 30 Ortschaften und ist flächenmäßig die zweitgrößte des Bezirkes Urfahr-Umgebung.

Das Wappen der Engilpoldstorfer lebt andeutungsweise im neuen Wappen der Gemeinde Engerwitzdorf fort: die goldene Rose im rechten, roten Wappenfeld erinnert an das historische Wappen, das drei symmetrisch angeordnete, fünfblättrige Rosen aufwies. Die diagonalen weißen Streifen im Wappen sollen die Autobahn symbolisieren. Als das Wappen Anfang der achtziger Jahre entworfen wurde, schien man auf diese Errungenschaft besonders stolz zu sein. Das goldene Hirschgeweih im grünen Feld symbolisiert die Jagd.

Das Ägidikirchlein

Hoch über dem Tal eines kleinen Baches, an dem einst die Samstagmühle stand, erhebt sich der Hohenstein. Er befindet sich an der Grenze zur Gemeinde St. Georgen.
Der Fels steht mitten im Wald und ragt nach Norden wie der Bug der Titanic weit hinaus über den Abgrund. Im steilen, teilweise überhängenden Fels stecken Haken und weisen darauf hin, dass hier Kletterer trainieren.
Nähert man sich dem Felsaufbau von der Talseite, sieht man nichts von dem, was einen oben erwartet. Erst nach dem steilen Anstieg hinauf zum Waldrand erblickt man plötzlich zwischen den Bäumen altes Gemäuer: Das Ägidikirchlein.
Wie vieles in den dunklen Wäldern und auf hohen Felsen ist auch dieser Ort sagenumwoben. Wie Jahresringe um den Kern eines Stammes haben sich um diesen Fels und um dieses Kirchlein viele Geschichten ausgebildet.
Tonscherben und Münzfunde im Geröll zu beiden Seiten der überhängenden Felsen beweisen mit ziemlicher Sicherheit, dass hier einmal eine Burg gestanden ist. Wann und von wem sie erbaut wurde, und wie lange sie stand, weiß nur der Fels, der die Mauern trug. Vielleicht war der Ort zur Zeit der Kelten auch eine Opferstätte; links neben der Kirchentür ist ein großer Stein eingemauert, der einmal als Opferstein gedient haben dürfte. Vielleicht hat man von diesen Felsen aus die Gestirne beobachtet und ihren Lauf zu deuten versucht.

Eine Sage erzählt eine seltsame Geschichte: Ein einzelner Reiter, von Feinden verfolgt, hetzte über Berg und Tal, durch Wald und Feld. Unglücklicherweise gelangte er auch auf diesen Felsen. Er bemerkte, dass sich der feste Boden erst 30 Meter tiefer wieder fortsetzte. Zurück konnte er nicht, da waren seine Ver-

folger. In seiner Verzweiflung gab er dem Pferd die Sporen. Lieber zu Tode stürzen, sagte er sich, als in die Hände der Feinde gelangen. Das Pferd sprang – und glitt über Äste und Zweige, samt Reiter, unverletzt zu Boden.
Aus Dankbarkeit, heißt es, habe er dieses Kirchlein gestiftet.

Am Hohenstein geschah aber auch noch ein weiteres bemerkenswertes Ereignis. Hast du schon einmal davon geträumt, einen Schatz zu finden? Ja? – Ein Bauer hat das im Jahr 1920 tatsächlich erlebt.
Der Besitzer des Wimmergutes wollte auf seinem Feld einige Findlinge sprengen. Als ein Steinblock durch die Wucht der Detonation auseinander fiel, stieß er im Erdboden auf einen irdenen Topf. In ihm fanden sich 200 Silbermünzen und drei Silberringe; ein Ring trug die Jahreszahl 1050. Der Topf dürfte während eines Krieges im Mittelalter vergraben worden sein. Wahrscheinlich ist jene Person, die ihn versteckt hat, gestorben, bevor der Krieg zu Ende war.

Nicht nur das Kirchlein, auch sein Patron, der heilige Ägidius, sind legendenumwoben. Über ihn gibt es weder Urkunden noch Schriften. Alles, was man von ihm weiß, wurde mündlich überliefert und erst später aufgeschrieben. Er soll um 640 als Sohn reicher Eltern in Athen geboren worden sein und später sein Vermögen an die Armen verschenkt haben. Mit dem Schiff kam Ägidius dann nach Frankreich an die Mündung der Rhone. An den Ufern des Gard, eines Nebenflusses der Rhone, lebte er dann als Einsiedler in einer Höhle. Folgendes Ereignis machte ihn zu einem Heiligen: Eines Tages verfolgten Jäger mit ihren Hunden eine bereits mit einem Pfeil getroffene Hirschkuh. Sie flüchtete sich in die Höhle des Eremiten. Als die Jäger in die Höhle eindrangen, stand vor ihnen

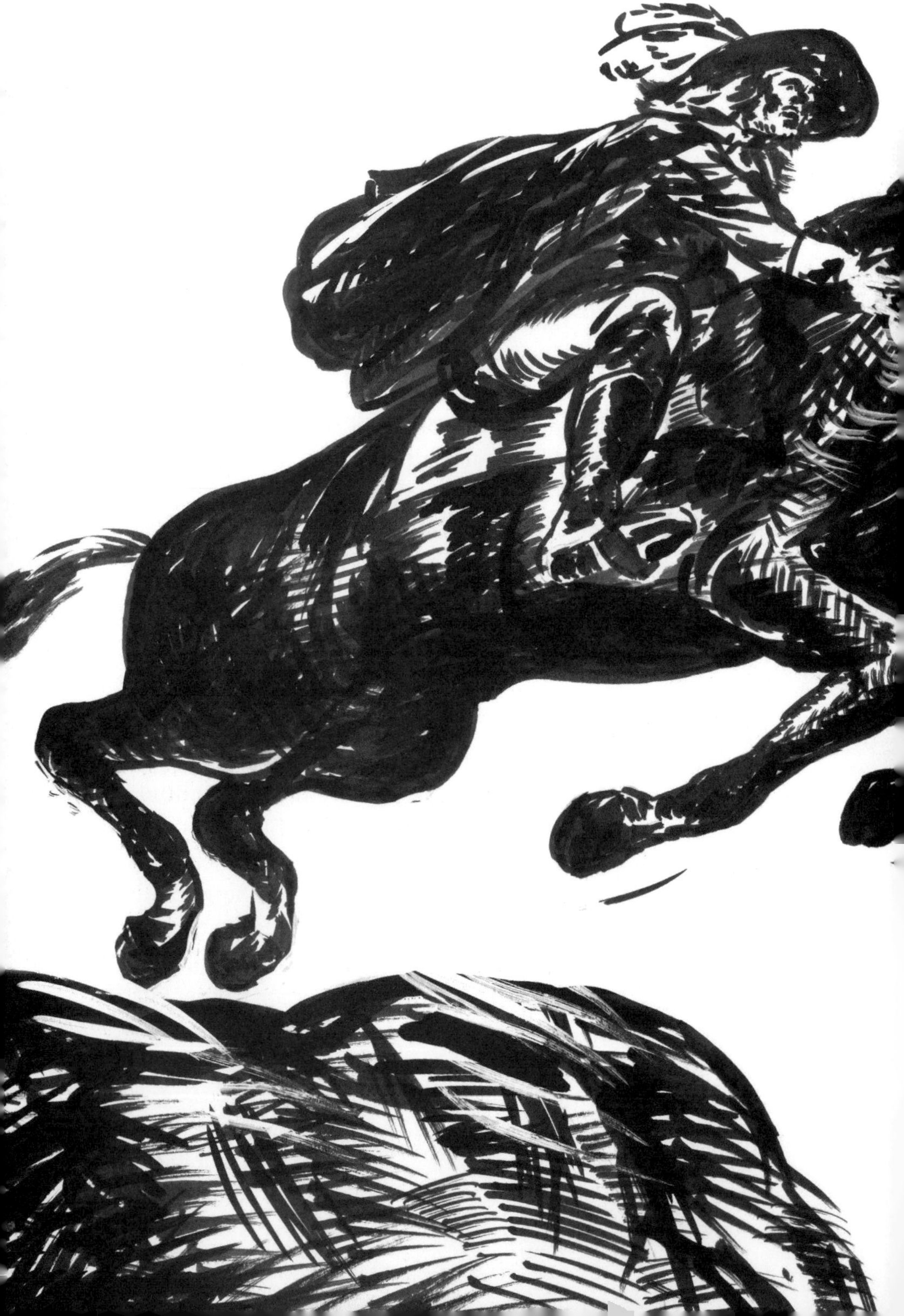

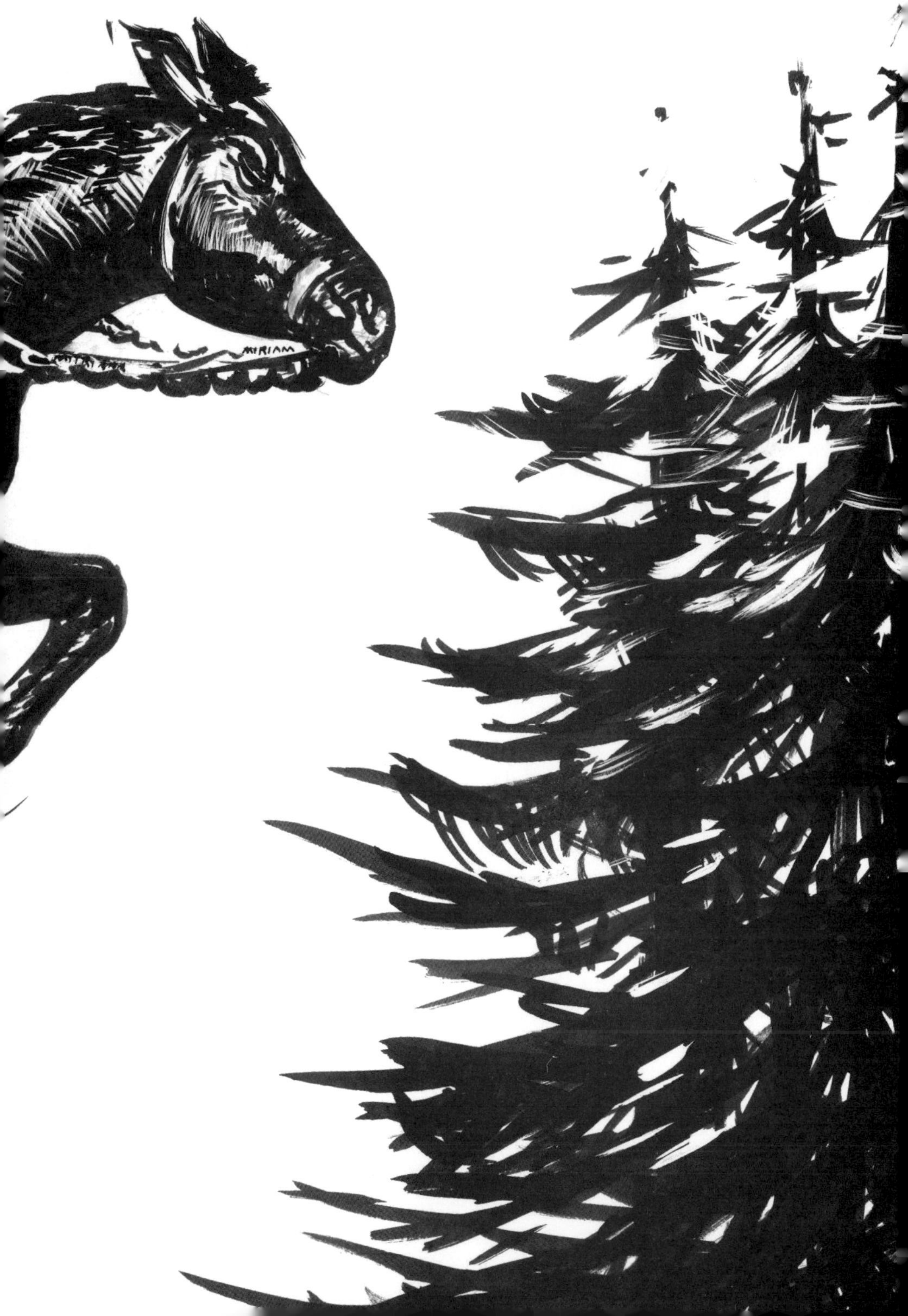
MIRIAM

der Einsiedler; er stellte sich schützend vor das verwundete Tier und rettete ihm das Leben. Aus Dank versorgte die Hirschkuh den Einsiedler mit ihrer Milch.

Der Jagdherr, wahrscheinlich der Westgotenkönig Wamba, war beeindruckt und ließ neben der Höhle ein Kloster bauen. Ägidius wurde zum Vorsteher dieses Klosters ernannt. Nach dem Tod von Ägidius im Jahr 723 entstand um das Kloster eine Stadt, die nach ihm Saint-Gilles benannt wurde. An seinem Grab sollen sich viele Wunder ereignet haben. Noch heute ist diese Stadt ein bekannter Wallfahrtsort in Südfrankreich.

Wie es genau dazu kam, dass dieser Heilige auch im Mühlviertel so bekannt wurde, kann man heute nicht mehr feststellen. Jedenfalls haben auch die Orte Grein, Ottensheim und Gutau den heiligen Ägidius als Pfarrpatron. Gutau hat sogar, wie Saint-Gilles, die Hirschkuh mit dem Pfeil im Gemeindewappen. Der umgangssprachliche Rufname für Ägidius war bei uns übrigens „Gidl" – eine interessante Ähnlichkeit zum französischen Gilles!

Nun aber zurück nach Hohenstein: Um die Mitte des 17. Jahrhunderts wurden in der Kirche bereits Ehen geschlossen. Auch heute noch können sich Paare in Hohenstein trauen lassen. Am 16. August 1659 gab es dort sogar eine Bettlerhochzeit. Auch die Trauzeugen waren Bettler. Nach dem blutigen Bauernkrieg wurden viele Bauern von der Obrigkeit von ihren Höfen vertrieben. Um nicht zu verhungern, mussten sie bettelnd durch die Lande ziehen. Vielleicht lässt sich so die große Anzahl der Besitzlosen bei dieser urkundlich verbürgten Bettlerhochzeit erklären.

Am Hohenstein hat sich also einiges getan. Wäre es nicht interessant, mit einer Zeitmaschine all die vergangenen Jahrhunderte zu besuchen? Vielleicht könnte man sehen, wie keltische Druiden in wallenden Gewändern hoch oben am Fels irgendwelche Opfer bringen; wie die Burg ausgesehen hat, und wer in ihr aus- und einging; wie das Kirchlein entstanden ist, wer den Schatz vergraben hat, und wie die Bettler herbeigeströmt sind, um der außergewöhnlichen Hochzeit beizuwohnen ...

Sonntagsarbeit

Die Mayrhoferischen führten ein bescheidenes Leben auf ihrem Anwesen nahe der Gusen. Rund um ihren Hof sammelten sich wieder einmal die Schwalben auf den Obstbäumen und Dächern der Wagenhütten zu ihrer großen Winterreise. Denn, wie ein alter Spruch schon sagt: „Zu Mariä Geburt fliegen die Schwalben wieder furt!" (Mariä Geburt ist am 8. September). Obwohl schon der Herbst nahte, lag noch das Grummet auf einer ihrer sauren Wiesen. Das Grummet, auch „Groamat" genannt, ist die zweite Heumahd im Spätsommer und als Futtervorrat für den Winter besonders wichtig. Es war Ägidius, der 1. September, und noch sommerlich warm, ja geradezu schwül. Da man das letzte Grummet gut einbringen wollte, überging der Bauer das Gebot der Sonntagsruhe. Während die Nachbarn beim Frühschoppen saßen, tummelten sich die Bauersleute und das Gesinde auf der Wiese. Sie trugen mit hölzernen Gabeln das Heu zusammen und machten große Schober. Die Kinder rechten nach.
Noch lagen Dutzende kleine Haufen weit verstreut auf der Wiese, als sich der dunstige Himmelsschleier zu bleiernen Wol-

ken verdichtete. Schattenflecken bedeckten plötzlich die von der Arbeit erhitzten Körper. Und es war eine Stille um sie herum, als würde der Himmel und alles rundum den Atem anhalten. Hastiger wurden die Bewegungen der Schoberträger und Nachrecher. Der Knecht war schon zum Hof gerannt, um den Leiterwagen zu holen. Mit geübten Handgriffen legte er das Joch auf die Ochsen, spannte diese vor den Wagen und hinaus ging's auf die Wiese. Eine Magd kletterte auf den Leiterwagen. Sie musste das mit Gabeln hinaufgereichte Heu kunstgerecht so aufschichten, dass möglichst breit und hoch geladen werden konnte. Doch bevor der Wagen beladen war und die Fuhre mit dem „Wiesbam" niedergebunden werden konnte, zerriss Donnergrollen die Stille; ein paar Atemzüge später fielen die ersten Tropfen. Es blieb keine Zeit mehr, um auch nur ein Fachtl (eine Fuhre) trocken auf die Tenne zu bringen. Ein schweres Gewitter zog die Gusen herunter. Blitze zuckten und Regenfahnen klatschten gegen die Heuer, gegen das Fuhrwerk und die Ochsen. Als auch noch kirschkerngroße Hagelkörner auf sie niederprasselten, flohen sie unter das schützende Dach des Hofes.
Am nächsten Tag fand man unter den Heuschobern einen, der zu Stein erstarrt war. Dieser Mugel heißt auch heute noch „Heuschober". Er erinnert die Bauersleute bei jeder Heuernte daran, die Sonntagsruhe einzuhalten.

Müssten heutzutage nicht, aus demselben Grund, in vielen Vorgärten der Einfamilienhäuser versteinerte Rasenmäher herumstehen?

Tod im Hochwasser

Die Aumühle an der Großen Gusen ist der älteste Gewerbebetrieb der Gemeinde Engerwitzdorf. Jeden Tag gehen die Hanni und der Hans von ihrem Wohnhaus in Au hinauf zu ihrem Sägewerk in der Aumühle, um zu arbeiten. Dabei kommen sie an einem Gedenkstein vorbei, der neben der Gusentalstraße steht. Die Inschrift erzählt in trockenen Worten von einem Unglück: „Christliches Andenken an Herrn Alois Hartwagner, Kunstmühlenbesitzer, der am 2. März 1906 im Hochwasser der Gusen den Tod gefunden hat."

Hinter diesen wenigen Worten verbirgt sich jedoch eine lange Geschichte. Als das Fabriksgebäude (eine Baumwollspinnerei), aus dem später die Klammühle werden sollte, gegen Ende des 19. Jahrhunderts versteigert wurde, reiste auch ein jüdischer Geschäftsmann aus Wien an. Er bezog Quartier in der Oberen Mühle (heute Göweil-Mühle), die auch ein Gasthaus war. Als der Obermüller (der alte Hartwagner, geboren 1811) erfuhr, dass der Gast aus Wien ebenfalls an der Fabrik interessiert war, sperrte er in der Nacht die Tür des Gästezimmers ab. Denn er, der Obermüller, hatte sich vorgenommen, das Fabriksgebäude für seinen Sohn Alois zu erwerben und in eine Mühle umzubauen. Auch die Bauern der Umgebung waren sowohl gegen den weiteren Ausbau der Fabrik als auch gegen einen jüdischen Unternehmer.

Erst als die Versteigerung am nächsten Tag vorbei war, ließ man den Gast wieder frei. Obwohl der Geprellte dem Notar den Vorfall und seine Absicht schilderte, wurde die Versteigerung nicht rückgängig gemacht. Erzürnt ließ der so schmählich Behandelte, der extra aus Wien angereist war, die Pferde einspannen. Als er abreiste, stieß er einen Fluch aus und verschwand. Was Jahre später geschah erzählt der Aumüller so:

Zu Beginn des Jahres 1906 gab es viel Schnee. Eines Tages stapfte ein Mann durch die Klamm. Er hatte durch verschiedene Umstände Hab und Gut verloren und zog als Bettler von Haus zu Haus. Es war der einstige Schulkamerad des Besitzers der Klammühle Alois Hartwagner. Einige gingen dem Unglücklichen wegen einer außergewöhnlichen Fähigkeit aus dem Weg. Er hatte „das zweite Gesicht", das heißt, er konnte Ereignisse voraussehen. So konnte er Menschen vor Unglücksfällen warnen.

Bei seinem Freund Hartwagner war er ein gern gesehener Gast. Doch diesmal kehrte er nicht in der Klammühle ein, sondern in der Oberen Mühle. Diese gehörte dem Felix Hartwagner, er war der Bruder des Alois.

Die Dienstboten und die gesamte Familie saßen gerade beim Mittagstisch. Als ihn die Müllersgattin sah, erschrak sie. Seine Ankunft bedeutete nichts Gutes. Sie bat ihn, gleich wieder zu gehen. Doch dieser ließ sich nicht abschütteln. Er wollte die Gattin von Alois Hartwagner sprechen, die bei der Schwägerin zu Mittag aß. Er möchte sie warnen, denn er habe folgendes schreckliches Ereignis vorausgesehen:

Das Wasser der Gusen stieg und überschwemmte die Brücke bei der Klammühle. Die braunen Fluten rissen Stauden und Steine mit sich, es rauschte und donnerte, es war dämmrig und es war nichts Lebendiges mehr zu sehen. Dann habe er gesehen, dass ein Stück der Straße unterhalb der Klammühle abgerutscht war, danach Hilferufe vernommen und einen Arm erblickt, der aus den Fluten ragte, mit Manschettenknöpfen, von einer Art, die nur der Klammüller trug.

Den Dienstboten blieb das Essen im Halse stecken, und kalter Schauer rieselte über ihre Rücken. Auch die Klammüllerin war bleich geworden. Sie verbot jedoch allen, über die Vision zu sprechen. Dem Überbringer der Warnung wies sie die Tür und befahl ihm, niemandem die Geschichte zu erzählen.

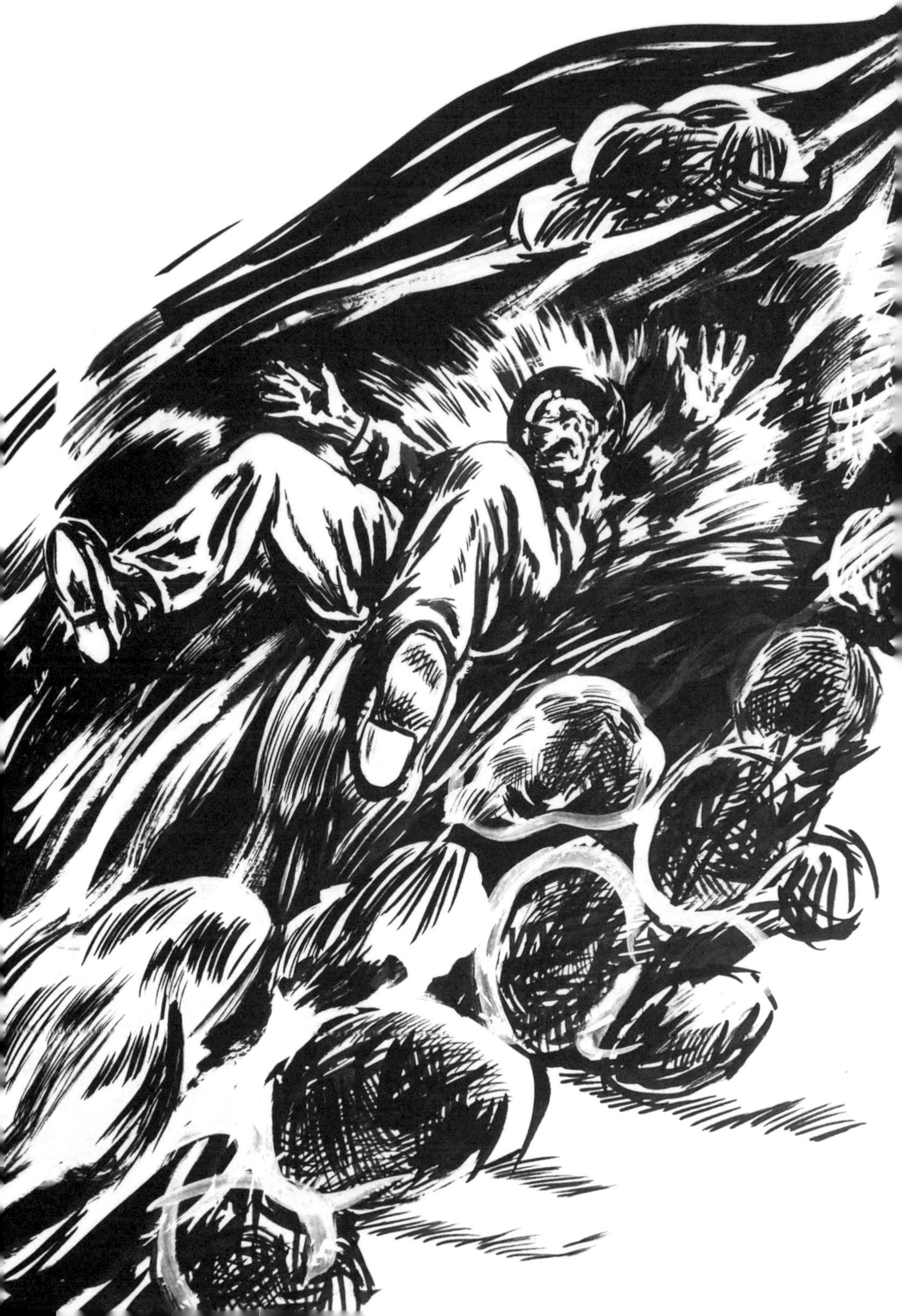

In den letzten Februarwochen gab es plötzlich einen Wettersturz. Der Schnee begann zu schmelzen, und die Gusen trat tosend und schäumend über ihre Ufer. Am 2. März regnete es zusätzlich in Strömen. Schon am Nachmittag begann es zu dämmern. Der Klammüller wanderte unruhig vom Wohnhaus zur Brücke und beobachtete mit Sorge das Ansteigen des Wassers. Zwei Pferdefuhrwerke waren noch ausständig; sie sollten jeden Moment eintreffen. Die Müllerin, der nun die Prophezeiung einfiel, versuchte ihren Mann zu beruhigen. Sie machte es ihm in der Stube bequem, versteckte ihm die Stiefel, bereitete ihm einen Kanne mit Tee und brachte ihm die Pfeife. Kaum hatte er sich diese gestopft, kam ein Fuhrknecht hereingestürzt; aus seinen Stiefeln schwappte Wasser, und er erzählte aufgeregt, dass das zweite Fuhrwerk noch hinter ihm sei und das Wasser noch immer steige. Es habe schon die Brücke überschwemmt und die Pferde hätten schon gar nicht mehr darüber gehen wollen. Der Klammüller sprang hoch und eilte hinaus ins Tosen und hinein in die Dämmerung.

Das noch fehlende Fuhrwerk hatte sich in Au untergestellt, doch Alois Hartwagner kam nicht mehr zurück. Obwohl man schon bald mit Laternen nach ihm zu suchen begann, brachte die Suche in der Nacht kein Ergebnis. Daraufhin erlitt die Frau des Müllers einen Herzanfall. Mit Bangen wurde der nächste Tag erwartet, aber auch dieser brachte kein Ergebnis. Man nahm sich vor, am nächsten Tag weiter flussabwärts zu suchen.
Schon in der Frühe begann die Suche aufs Neue. Der Regen hatte aufgehört, es war wieder kalt geworden und die Sonne sandte erste Strahlen. Nun sah der Sohn des Müllers plötzlich eine Westenschnalle am Grund der Gusen aufblitzen. Damit hatte man den Klammüller gefunden. Tot. Die Prophezeiung

seines ehemaligen Schulkollegen hatte sich auf grausame Weise erfüllt. Die Leiche war so gefroren, dass man sie erst auftauen musste, um sie in den Sarg legen zu können. Das Marterl aus Granit steht ungefähr dort, wo man den Klammüller am 4. März gefunden hat: Unterhalb der Aumühle vor der Ortseinfahrt Au.

GALLNEUKIRCHEN

Gallneukirchen wird 1125 als „Novenkirchen" das erste Mal in einer Urkunde erwähnt. Als der Name des Kirchenpatrons Gallus in den Ortsnamen einfloss, entstand der gegenwärtige Name Gallneukirchen. Das derzeitige Motiv des Wappens wurde nach einem Siegelabdruck aus dem Jahre 1750 entworfen. Seit rund 800 Jahren Markt, wurde Gallneukirchen im Jahr 2001 zur Stadt erhoben.

Die Gründungssage von Gallneukirchen

Einst erstreckte sich südöstlich der bewaldeten Hügel ein sumpfiges Becken, vom Wasser der Gusen genährt.
In diesem Sumpf hauste giftiges Gewürm, und die Menschen machten einen weiten Bogen um diesen verhängnisvollen Ort. Eines Tages, als im Land wieder einmal Krieg herrschte, war ein edler Ritter auf der Flucht vor seinen Feinden. Über Täler und Berge war er ihnen entkommen, doch nun stand er vor dem undurchdringlichen Moor. Zurück konnte er nicht. Daher schickte er ein Gebet zum Himmel und leistete den Eid, im Falle seiner Errettung an dieser öden Stelle ein Gotteshaus errichten

zu wollen. Als er dem Pferd die Sporen gab, hörte er das Hohngelächter der Feinde. Sie waren überzeugt, dass er sich ins Verderben stürzte. Doch das Wunder geschah:
Das Pferd, angetrieben von seinen Sporen, machte einen riesigen Satz und bekam – oh Wunder! – wieder festen Boden unter den Füßen. Der Ritter war gerettet. Er hielt sein Versprechen und ließ ein Kirchlein bauen. Der Grundstein für Gallneukirchen war gelegt.

Die Fuchtelmännchen

Falls du im Mirellental ein Lichtlein siehst, das kurz auftaucht und dann wieder verschwindet, hast du möglicherweise ein Fuchtelmännchen vor dir.
Wie schon aus der Gründungssage von Gallneukirchen hervorgeht, war die Gegend um Gallneukirchen ein gefährliches Sumpfgebiet. Darin lebten die Fuchtelmännchen, von manchen auch Irrlichter genannt. Man glaubte, es handle sich dabei um die ruhelosen Seelen von Übeltätern, die als Lichter hin und her tanzten, kurz verschwanden, um dann an anderen Stellen wieder aufzutauchen.
Ein alter Mann hat einmal von einer solchen Begegnung erzählt:

Ich war auf dem Heimweg, da stand plötzlich ein Fuchtelmännchen vor mir. Es war dünn wie eine leuchtende Schlange, die hoch aufgerichtet mit dem Schwanz im Sumpf steckt. Plötzlich begann es sich zu verändern. Das Licht wurde flach und breit und schwebte knapp über dem Boden des Moores. Dann stieg es auf und rollte als Kugel dahin. Kurz darauf begann es zu flackern, wie eine Kerzenflamme im Wind, und erlosch. Diese Erscheinungen wiederholten sich ein paar Mal und es wurde immer unheimlicher. Ich dachte nur noch eins: Ich will schleunigst nach Hause! – Doch da war kein Weg mehr, denn vor lauter Schauen bin ich auf eine Irrwurzen gestiegen. Ich bekam noch mehr Angst.

Plötzlich erinnerte ich mich an den Rat meines Vaters: Wenn man über eine Irrwurzen gestiegen ist, muss man ein paar Schritte rückwärts gehen, die Jacke ausziehen, sie umkehren und mit der Innenseite auf den Boden legen. Nach dem Beten eines Vaterunsers soll man die Jacke wieder anziehen, dann findet man den richtigen Weg.

Ich habe so gehandelt – und den richtigen Weg nach Hause wieder gefunden.

Trotz Christentum haben sich über die Jahrhunderte noch alte Vorstellungen und Glaubensinhalte früherer Kulturen erhalten. Der Glaube an Geister und geheimnisvolle Mächte war bis herauf ins 20. Jahrhundert verbreitet. In Erde, Wasser, Feuer und Luft hausten Zwerge, Wassermandln, Irrwische, Feen, Waldfräulein, Wassernixen, Habergeiß und das Märzenkalb. Letzeres, das „Märzenkaiwö", war unsichtbar und schlug mit seinen Hufen zu, ohne dass man vorerst etwas gespürt hätte. Es geisterte an warmen Märztagen durch die Gegend und bestrafte jeden leichtsinnig, der schon sommerlich gekleidet war, mit einer Verkühlung. „Pass auf", hieß es früher im Frühling, „dass di s'Märzenkaiwö ned dawischt!"

Die „Howagoaß" war ein Schreckgespenst mit langen Hörnern, einer Teufelsmaske, einem Bockfuß und einer Mistgabel. Sie ging gebückt und warf den Menschen Hafer ins Gesicht. Mancherorts wurde auch der Waldkauz mit der Habergeiß in Verbindung gebracht. Sein Schrei kündete einen Todesfall an: „Waun d'Howangoaß schreit, ist der Tod nimma weit!"

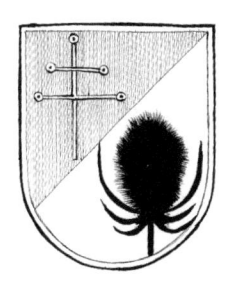

KATSDORF

Die älteste Urkunde zu Katsdorf wird im Stift St. Florian aufbewahrt.
Darin wird bestätigt, dass im Jahre 1125 der Edle Herimann von Chazilinisdorf die von seinen Eltern erbaute Kirche dem Stift übergeben hat. Weiters übergab er ihm auch den gesamten Ort mit 67 Leibeigenen und die Bauernhöfe der Umgebung. So kam es, dass bis 1848 alle Häuser der Ortschaft Katsdorf der Herrschaft St. Florian untertänig sein mussten.

Im Wappen kommt die einstige Bedeutung der Weberkarde zum Ausdruck. Der Ort liegt am Südosthang eines Löss-Lehm-Sandhügels. Der Sand in dieser Gegend stammt von einem großen Meer, Paratethys genannt, das vor Millionen von Jahren das Land bis auf die derzeitige Höhe von 400 Meter bedeckte.

In Katsdorf ist noch ein Kino in Betrieb, das einzige in der Region. Es wird von Norbert Dattinger betrieben, der auch sehr viele Kinderfilme zeigt.

Die Weberkarde

Weißt du, dass bei uns früher Disteln angebaut wurden? – Natürlich keine normalen, sondern besonders wertvolle. Sie wurden nämlich für die Stofferzeugung benötigt: die Weberkarden. Ein Exemplar dieser Distel wird bis zu 2 m hoch. Aus den kolbenförmigen Blütenständen ragen Stacheln, die am Ende kleine Haken aufweisen. Diese zehn bis fünfzehn Zentimeter langen, stacheligen Walzen wurden zum Behandeln industriell hergestellter Wollstoffe verwendet. Die Haken der Weberkarde zogen feine Fasern des Stoffes heraus und verhüllten den Fadenverlauf, so dass eine gleichmäßige, wollige Oberfläche erzielt wurde: Das Tuch wurde weich.
Diese hellviolett blühende Weberkarde wurde im Orient, in Frankreich, in der Steiermark und – in der Katsdorfer Gegend sowie im Gallneukirchner Becken bis hinüber nach Unterweitersdorf angebaut. Der Lehmboden war eine gute Voraussetzung.
Seit 1804 ist der Anbau der Weberdistel bei uns nachgewiesen. Abnehmer war damals die Wollzeugfabrik in Linz. In der zweiten Hälfte des 19. Jahrhunderts, als die Zahl der Kardenbauern zugenommen hatte, wurde ein Teil der Ernte in die Länder der großen Monarchie verschickt. Doch gegen Ende des Jahrhunderts konnte die Karde nicht mehr so gut verkauft werden. Die Händler haben versucht, die Preise zu drücken. Sie sagten zum Beispiel zu einem Bauern: Ich gebe dir soundsoviel für deine Ware. Wenn du damit nicht zufrieden bist, gehe ich zu einem anderen, der verkauft mir seine Ernte billiger.

Um dieser Politik entgegenzuwirken, schlossen sich die Bauern zusammen. Am 30. Juni 1896 wurde die „Verkaufs-Genossenschaft der oberösterreichischen Kardenbauer" mit einem eigenen Lagerhaus in Lungitz gegründet. Damals hatte sie 800 Mitglieder. Nicht nur Landwirte, auch Kleinhäusler, Taglöhner und Steinbrucharbeiter waren Mitglieder. Jeder, der ein kleines Fleckchen Grund nützen konnte, baute Karden an. Diese verlangten zwar viel händische Arbeit, aber der Lohn, den man dafür bekam, war relativ hoch. Manche Kardenbauer konnten sich aus dem jährlichen Erlös immerhin ein Paar Ochsen kaufen. Die waren damals so viel Wert wie heute ein Traktor.

Die Karde führte auch die Nachbarn zusammen. Das Abschneiden der Kardl vom Stengl, das so genannte „Kardlscharln" geschah nämlich in den Bauernstuben. Dabei erzählte man sich Geschichten, nach Beendigung der Arbeit wurde auch gesungen und getanzt.

Im Winter lieferten die Bauern die verkaufsfertigen Karden im Leiterwagen zum Genossenschafts-Lagerhaus nach Lungitz. Zwecks schnellerer Entleerung wurden die Leiterwagen einfach umgekippt. Nun wurden die Karden gezählt, bezahlt und sortiert. Der Versand erfolgte in großen Kisten. Die stachelige Ernte wurde unter dem Handelsnamen „Linzer Karde" vom Bahnhof Lungitz aus in die Farbriken Mittel- und Osteuropas verschickt. Hauptabnehmer waren Sachsen und Schlesien, aber auch Holland, Dänemark, Ägypten, Nord- und Südamerika wurden beliefert.

In den Dreißiger- und Vierzigerjahren des vergangenen Jahrhunderts (1930 – 40) wurden die Naturkarden nach und nach von Karden aus Stahl abgelöst. Nach dem 2. Weltkrieg wurde die Nachfrage immer schlechter. Am 16. Juli 1955 beschloss die Verkaufsgenossenschaft der oberösterreichischen Kardenbauer mit dem Sitz in Lungitz ihre Auflösung.

Die wilde Jagd

Die Wilde Jagd, ein Heer von Geistern und Dämonen, das mit Jagdrufen und Hundegebell durch die Luft jagt, belästigte stets Menschen, die unterwegs waren. So auch eine zeitlang zwischen Standorf und Etdsdorf, oder zwischen Gaisbach und Bodendorf. Auf dem Steg über den Grenzbach waren tagtäglich nach dem Ave-Maria-Läuten (Abendläuten) gespenstische Erscheinungen zu beobachten. Nicht nur die Bauernbuben, die nach Katsdorf Eier oder Butter bringen oder Einkäufe im Kramerladen tätigen mussten, waren gefährdet; nein, auch der Herr Pfarrer auf seinen Versehgängen und der Viehhändler auf seinen krummen Touren mussten mit unheimlichen Begegnungen fertig werden. Da konnte es passieren, dass da plötzlich neben dem Weg ein Hund stand. Keiner aus den umliegenden Häusern, sondern ein fremder. Der große, langzottige Köter mit den merkwürdigen Augen schaute den Vorbeigehenden zu, wie sie vorsichtig auf dem schlüpfrigen Steg den Bach überquerten. Rief man ihn an, verwandelte er sich augenblicklich in einen schwarzen Rappen, der mit mächtigen Sätzen in den nahen Wald galoppierte. Danach hörte man von dort ein Jammern und Weinen.
Jeder wird verstehen, dass die Menschen an dieser Stelle immer sehr eiligen Schrittes unterwegs waren. Es konnte einem jedoch auch passieren, dass man plötzlich nicht mehr vom Fleck kam – so als wäre die Zeit angehalten oder der Gehende angefroren.

Der Mühlberger Miaz (Maria) passierte Folgendes: Sie war nachtwachten (d.h. sie hatte an einer Totenwache teilgenommen) und musste in der stillen, mondlosen Novembernacht noch über den Gusensteg. Sie kannte die Geschichten, die über diese Gegend erzählt wurden. Sie war jedoch keine ängstliche Frau und gewohnt, ihre Wege auch nachts alleine zu gehen. Beim ersten Lufthauch in den Weiden und Erlen am Bachufer dachte sie: „Aha, braut sich wieder was zsaum da oben!" – Was aber dann über sie hinwegfegte, hatte sie in ihren schlimmsten Albträumen noch nicht erlebt. Obwohl sie versuchte, sich hinter einem dicken Stamm zu schützen, stürmten die Windböen wie Wellen auf sie ein. Die Wälder auf den Anhöhen begannen zu rauschen. Davon begann sich ein seltsamer Lärm abzuheben. Er wurde lauter und kam näher. Sie hörte Pferde wiehern, Peitschenhiebe durch die Luft sausen, Hundegebell und Katzengeschrei. Der Lärm dröhnte in ihren Ohren wie ein schlecht aufeinander abgestimmtes Blasorchester. Sie presste ihre Hände gegen die Ohren und warf sich in eine Fahrrinne. Dann verlor sie die Besinnung.
Sie erwachte erst am nächsten Morgen auf der Sonnbank vor ihrem Haus. Sie konnte sich kaum erheben vor Müdigkeit. Ihre Beine zitterten und versagten den Dienst. Fröstelnd versuchte sie sich zu erinnern. Doch wie sie auf die harte Liegestatt gekommen war, blieb ihr Zeit ihres Lebens ein Rätsel.

Einem alten Bauern aus Klendorf erging es nicht viel besser. Er war unterwegs zur Kirche in Katsdorf und genoss das feierliche Dahinschreiten im Sonntagsgewand. Er schaute gerade auf seine silberne Taschenuhr, als er hinter sich zwei Hunde hörte. Erst als sie näher kamen und er ihr heftiges Hecheln hörte, begriff er, dass sie es auf ihn abgesehen hatten. Er begann zu laufen. Die Hunde erhoben ein Mordsgekläff und kamen immer

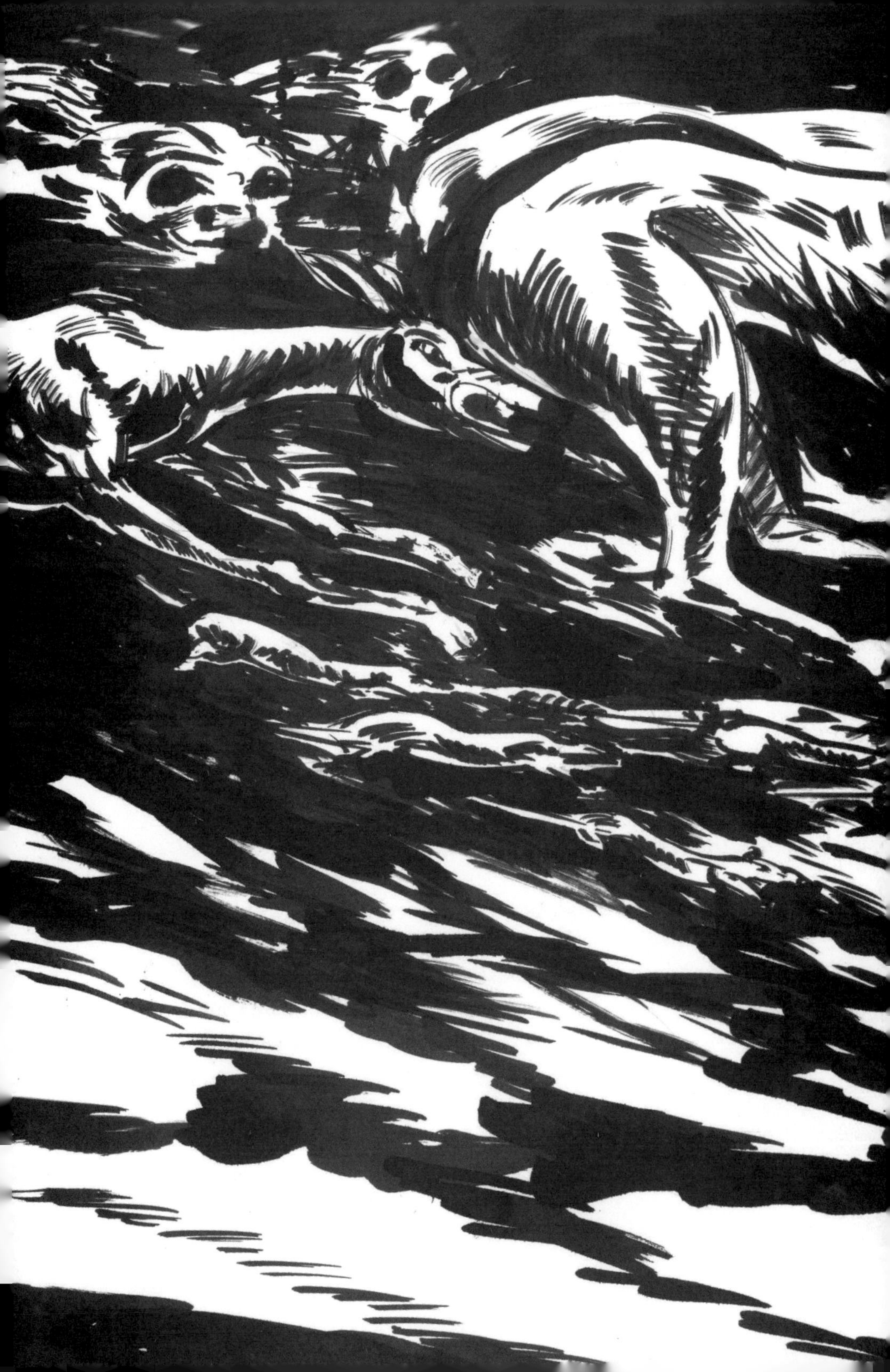

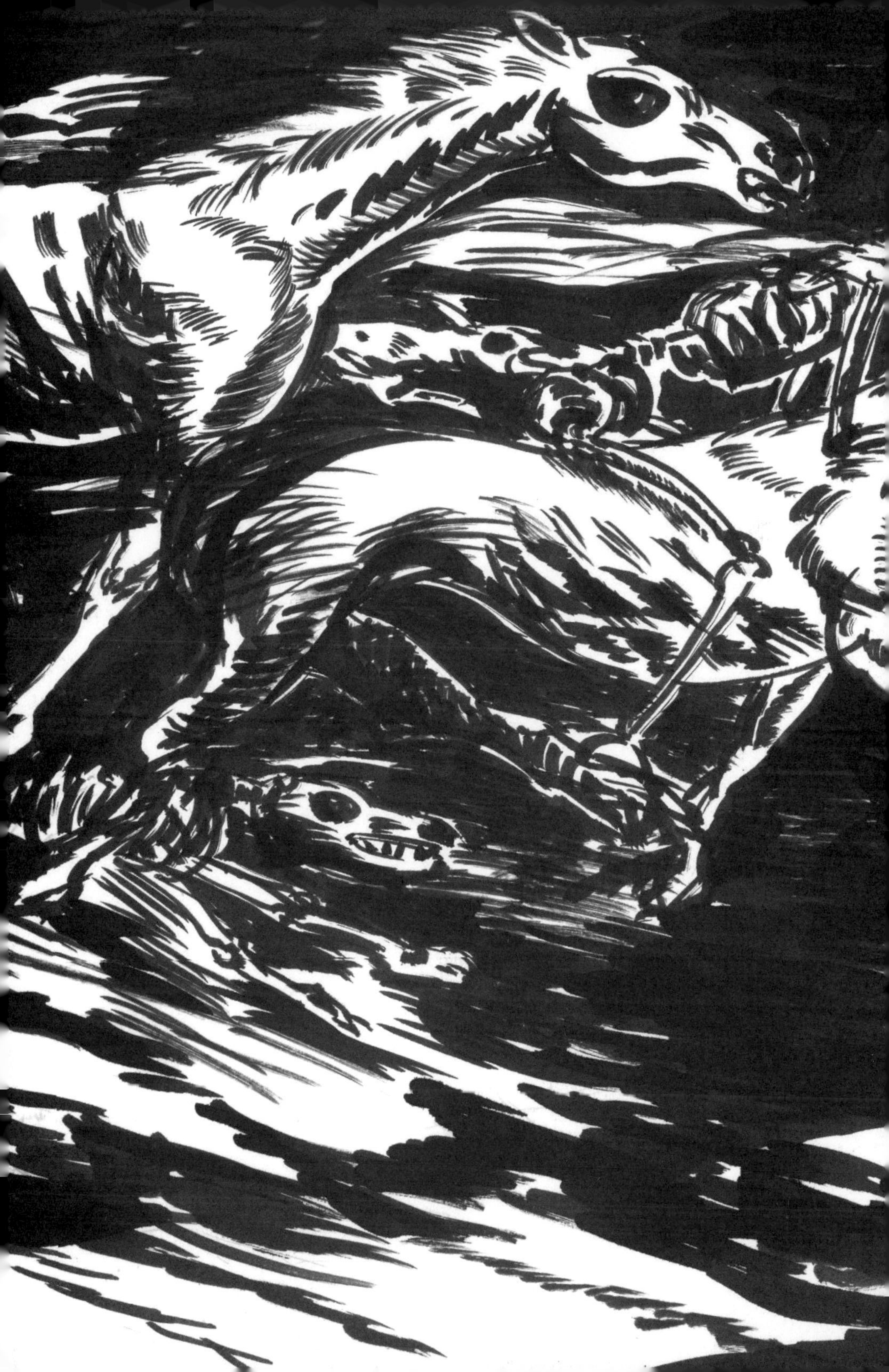

näher. Da setzte in Katsdorf das Viertelläuten ein. Der alte Mann rannte, wie er schon lange nicht mehr gerannt war – bis ihm der Atem im Rachen brannte. Erst als das Geläute verstummt war, bemerkte er, dass seine Verfolger spurlos verschwunden waren. Er lehnte sich an einen Baum und verschnaufte, bis sich sein altes Herz wieder beruhigt hatte.
Er wusste, dass ihn die Glocken gerettet hatten und beschloss, aus Dankbarkeit ein Kreuzstöckl zu errichten.
Es steht noch heute am Bachufer in der Ortschaft Bach.

Burgstall Wolfsbach

Von 1870 bis 1873 wurde die Summerauerbahn gebaut. Sie stellte eine ähnliche Verbindung her, wie schon die alte Pferdeeisenbahn, nämlich zwischen Linz und Budweis, nur auf einer anderen Trasse. Für die Bauarbeiten wurden viele Arbeiter benötigt; sie kamen aus allen Gegenden der Österreichisch-Ungarischen Monarchie. Der Bauabschnitt bei Katsdorf beschäftigte besonders viele Kroaten. So kam es, dass die Ansiedlung unterhalb der Bahnlinie noch lange „Krowodndörfi", Kroatendorf, genannt wurde. (Übrigens kommt auch das Wort Krawatte von Kroate: Die Kroaten pflegten nämlich bunte Halstücher zu tragen).
Beim Bauernhof Deisinger entspringt ein Bach, der die Bahnlinie quert, beim Bauernhaus Neuwirth vorbeifließt und nach etwa 300 Meter in die Gusen mündet. Dort stand einst die Wolfsbachmühle.
Weißt du, wo Wolfsbach liegt? Christa weiß es. Seit gestern. Sie hat ihre Freundin Lisi in Neubodendorf besucht. Die wohnt gleich unterhalb der Bahnhaltestelle Katsdorf. Ganz in

der Nähe befindet sich, gut versteckt und kaum zu erkennen, die Ruine einer Burg. Wahrscheinlich war das der Sitz der Chazilini. Komischer Name, nicht wahr? Klingt total exotisch. Von diesem „hochfreien Adelsgeschlecht" stammt nämlich der Name Katsdorf. Aus dem „Dorf der Chazilini" wurde im Laufe der Jahrhunderte „Katsdorf". So wie das Geschlecht der Engilboldistorfer zum Namen Engerwitzdorf und jenes der Schweinpöcken zum Namen Schweinbach geführt hat. Auch wenn sich manches, was sich in Gemeinden ereignet, wie ein Witz anhört: Engerwitzdorf hat nichts mit witzig und Katsdorf nichts mit Katzen zu tun …

„Immer nur Computerspielen ist fad!", meinte plötzlich Lisi. Nach stundenlangem Regen war endlich die Sonne herausgekommen. Ein Bündel Sonnenstrahlen fiel genau auf den Bildschirm.
„Was dann?", fragte Christa. „Fernsehen?"
„Ich weiß was anderes", rief Lisi, „Videos anschauen können wir auch später, wenn es wieder regnet. Bist du schon einmal bei der Wolfsburg gewesen? – Ich sage immer Wolfsburg, das klingt besser. Eigentlich heißt sie, so wie der kleine Bach dort unten, Wolfsbach."
„Nein, war ich noch nicht. Ist es weit?", fragt Christa, als wäre sie schon eine alte Dame mit Atembeschwerden und schmerzenden Füßen.
„Nein, gleich da drüben, auf der anderen Seite des Baches. Unterhalb der Bahn im Wald!", erklärt Lisi.
Sie ziehen sich Schuhe an und schon flitzen sie auf einem Schotterweg, an Neubauten vorbei, in den Wald. Bald ist der Weg zu Ende. Auf rutschigem Laub gelangen sie in den Graben, in dem der Bach fließt. Sie springen auf die andere Seite und klettern einen steilen Hang hinauf. Noch deutet nichts

darauf hin, dass hier irgendwo eine Burg stand. Plötzlich verändert sich das Gelände.

„Merkst du etwas?", fragt Lisi.

Christa lässt ihre Luchsaugen schweifen.

„Das sieht aus wie eine zugewachsene Erdmauer. Dahinter ist es tiefer als hier. Aha, ein Graben. Der Burggraben wahrscheinlich …"

„Genau, und das ist der Rest vom Burgwall. Und dort drüben stand die Burg."

„Hat man hier Schätze oder Schwerter oder anderes Zeug gefunden?", fragt Christa neugierig.

„Nein, nur Mauerreste und viele Tonscherben. Alles sehr alt, fast 1000 Jahre, glaube ich."

Sie gehen weiter und diskutieren, wie die Burg ausgesehen haben könnte. Plötzlich stehen sie vor einem Abgrund.

„Hast du einen Fallschirm dabei?", scherzt Christa. „Wenn nicht, müssen wir einen Umweg machen."

„Stell dir vor, es ist Nebel und du gehst da hinaus!", meint Lisi.

„Dann macht es PLUMPS! – Und du schaust dir die berühmte Burgruine Wolfsbach von unten an! Oder aus dem Jenseits, falls sie dort ein gutes Fernglas haben."

Sie lachen wie zwei alte Galgenvögel, die gerade noch einmal mit dem Leben davongekommen sind. Von hier hat man einen guten Blick auf Katsdorf. Und auf die ehemalige Mühle neben der Gusen.

Die beiden Mädchen suchen einen Abstieg weiter rechts. Durch Wald und steiles Gelände rutschen und kullern sie bergab. Plötzlich stehen sie vor einem Bauernhaus. Sie gehen an dem großen Vierkanter vorbei und gelangen zur Straße, die hinaufführt zur Bahnhaltestelle.

„Da hinauf, und wir sind wieder zu Hause. Ich habe ziemlich Durst bekommen. Du nicht auch?"

Christa nickt. Zehn Minuten später stolpert eine heimkommende Mutter über zwei Paar dreckige Schuhe, die kreuz und quer vor der Haustür liegen.

Wo das Geschlecht der Chazilini hinkam, weiß man heute nicht mehr. Die Burg wurde schon im 12. Jahrhundert zerstört. Die ehemaligen Burgen und Schlösser in Bodendorf und Breitenbruck sind ein wenig später entstanden.

UNTERWEITERSDORF

Das Gemeindewappen zeigt in Rot ein silbernes, anstoßendes Andreaskreuz, belegt mit zwei schräg gekreuzten blauen Dragonersäbeln.

Das Motiv gründet sich auf ein historisches Ereignis: Am 7. Mai 1809, zur Zeit der napoleonischen Kriege, fand auf dem Gebiet der Gemeinde Unterweitersdorf eine bewaffnete Auseinandersetzung statt. Französische Hilfstruppen aus Sachsen waren von Linz aus in das Mühlviertel eingedrungen und wurden von österreichischen Husaren angegriffen. Ein Gedenkstein nahe dem Sonnleitnergut an der alten Freistädterstraße erinnert daran. Er trägt die Aufschrift „Franzosengrab" und die Jahreszahl „1809".

Der Hexenkeller

In der Hinterleiten, einem Waldstück unweit von Unterweitersdorf, wird eine Stelle mit dem Namen Hexenkeller bezeichnet. Davor liegt ein Stein, der ursprünglich ein Haufen Heu gewesen sein soll.
Heuen war zwar manchmal eine recht lustige Arbeit, wenn ein gutgelaunter Bauer das Regiment führte. Meistens machten jedoch die Hitze, lästige Fliegen und Bremsen die Arbeit auf den steinigen und buckligen Wiesen zur Plackerei.

Einmal, es ist schon lange her, kam ein Bauer mit einem Fachtl Heu am Hexenkeller vorbei. Er war nicht ganz bei der Sache. Seine Kühe gingen ihm im Kopf um; sie gaben seit Sonnwend keine Milch mehr. „Ob nicht doch so a oede Hex die Händ im Spiel hat!" – In diesem Moment sprang ein Hase über den Weg. Das Pferd wich erschreckt zur Seite, und nach ein paar unsicheren Tritten kippte die Fuhre um. „Herrgottsakrament! Vafluachtvadaummter Loatawogn!", rief verärgert der Bauer. Da kam der Hase auf den Weg zurück, stellte sich vor ihm auf die Hinterbeine und lachte wie ein Mensch. Der Bauer war ganz verdattert, spannte das Pferd aus und machte sich mit den nachgekommenen Knechten ans Aufrichten des Wagens. Doch was war das? Das ist doch nicht möglich! – Das Heu ließ sich nicht mehr aufheben. Die ganze Fuhre war zu Stein erstarrt. Es gelang ihnen noch, den Wagen davon zu trennen, dann flüchteten sie, am grinsenden Hasen vorbei, Hals über Kopf nach Hause.

Die Teufelsbrücke

Am nördlichsten Punkt des Gemeindegebietes stand die Pfaffenmühle. Dort liegen sehr große Steinblöcke im Flussbett der Kleinen Gusen. Auch darüber gibt es eine Sage:

Die Fahrt zur Mühle, mit Ross und Wagen, war damals nicht ungefährlich. Die Wege waren schmal und schlecht. Die Bauern von der anderen Seite der Gusen mussten durch eine Furt fahren oder die Getreidesäcke auf ihren Rücken zur Mühle schleppen. Der Pfaffenmüller überlegte. Wenn ich eine schöne Brücke habe, kommen mehr Bauern mit ihrem Getreide, und ich verdiene besser.

Da er zu wenig Taler in seinem Wandschrank liegen hatte, ließ er sich mit dem Teufel ein.
Natürlich war der Böse sofort bereit, dem Müller zu helfen: „Ich baue dir die Brücke in einer Nacht. Du musst mir nur deine Seele verschreiben. Noch bevor der erste Hahn kräht, will ich damit fertig sein!"
Ohne lange zu zögern, willigte der Müller ein. Er dachte, es werde ihm schon etwas einfallen, um aus den Fängen des Teufels zu entschlüpfen. Außerdem war er noch jung und gesund; wer denkt da schon ans Sterben?

Bei Einbruch der Dunkelheit ging der Teufel an die Arbeit. Er werkte die ganze Nacht. Als am frühen Morgen die Brücke fast fertig war, schlich der Müller in seinen Hühnerstall. Mit einem Stock weckte er seine drei Hähne. Dermaßen aufgescheucht, flatterten sie erschrocken von ihren Sitzstangen. Der weiße Hahn schmetterte als erster sein „Kikerikiii!". Der Teufel ließ sich in seiner Arbeit jedoch nicht stören. Er rief: „Weißer Hahn, geht mich nichts an!"
Kurz darauf krähte der rote Hahn. Aber auch der störte den schwitzenden Teufel nicht im Geringsten. Der höllische Baumeister sagte nur: „Roter Hahn, toter Hahn!"
Als aber gleich darauf der schwarze Hahn krähte, da schäumte der Teufel vor Wut: „Schwarzer Hahn, da muss ich gahn!"
Er packte einen mächtigen Felsblock und warf ihn so auf die nahezu vollendete Brücke, dass sie in tausend Trümmer auseinander fiel.
Dann machte er sich wie das böse Wetter davon.
Den Teufel hat man seitdem in dieser Gegend nie mehr gesehen. Die Überreste seines Bauwerks liegen jedoch, von Wellen umrauscht, noch heute im Bachbett der Gusen.

Die Gusen hat in unserer Gegend auch in Familien- und Hofnamen ihre Spuren hinterlassen: Zwischengusner, Gusenbauer – und Gusenleithnerhof. Dieser liegt etwa zwei Kilometer über der Kleinen Gusen in Unterweitersdorf. Über diese „Leithen" zwischen dem Ort und dem Hof in Gauschitzberg führt ein alter Weg, dem als „Kulturverbindungsweg" bei einer Feier am 15. Mai 2004 wieder Bedeutung gegeben wurde. Anfang und Ende dieses Weges markieren je eine Steinplastik aus Granit der Mühlviertler Bildhauerin Gabriele Berger. Im sorgsam renovierten Gusenleithnerhof, in dem ebenfalls der Granit vorherrscht, finden übrigens regelmäßig Ausstellungen und Auftritte von Künstlern statt. Unweit dieses Hofes liegt:

Der Teufelssitz

Auf der Höhe der Bushaltestelle am Unterweitersdorfer Berg zweigt ein Weg ab nach Anitzberg. Unmittelbar südlich dieser Abzweigung versperrt ein Schranken mit Fahrverbot die Einfahrt auf die alte Straße. Knapp vor dem Schranken führt ein unasphaltierter Fuhrweg hinein in den „Austerwald". Nach ungefähr 320 Schritt' erhebt sich linkerhand eine riesige Eiche, zwei Meter vom Weg entfernt. Auch eine relativ dicke Fichte und Linde stehen in unmittelbarer Nähe. Hier zweigt man scharf rechts ab. Schon nach ein paar Schritten durch Mischwald wird der Boden felsiger. Bevor sich der Boden steil nach unten senkt, erheben sich einige größere Felsen aus dem Laub. Solche Felsen bezeichnen die Geologen als Findlinge. Sie sind im Mühlviertel häufig anzutreffen. Viele wurden mittlerweile weggesprengt, vor allem dann, wenn sie auf den Fel-

dern oder Wiesen herumlagen. Die Bauern gewannen dadurch mehr Anbaufläche. Und beim Arbeiten mit den Maschinen musste man den Felsen nicht mehr ausweichen.
Zwei Felsen, die am höchsten liegen, schauen zusammen aus wie ein versteinertes Wikingerschiff. In der Mitte der Vertiefung – zwischen Bug und Heck – kann man eine viereckige Aussprengung entdecken. Als wenn hier jemand oft und lange gesessen wäre.

Der Überlieferung nach soll hier einst der Teufel residiert haben. Vielleicht hat er sich hier sitzend seine Spitzbübereien ausgedacht. Und weil er nur sehr langsam denken konnte, ist ihm hier öfters der Hintern angefroren. Und jedes Mal beim Aufstehen hat er ein paar Gesteinsbrocken aus dem Findling gerissen, weil ihm das Fell angefroren war. Ja, so könnte die Vertiefung entstanden sein.

In den Predigten der Priester hat der Teufel früher eine so große Rolle gespielt, dass die Leute täglich mit dem Auftauchen eines Teufels rechneten. Vor allem jene Dinge, die man sich nicht erklären konnte, wurden dem Teufel zugeschrieben. Hört man sich die alten Sagen und Geschichten an, so könnte man glauben, dass die Macht des Teufels größer und seine Gegenwart auf Erden wichtiger gewesen wäre als die des allmächtigen Gottes. Ist das nicht sonderbar?

Der Mahlknecht und das Schwarzbuch

Die Zauberbücher, unter deren Anleitung man hexen konnte, wurden auch Schwarzbücher genannt. Sie sollen, nach altem Glauben, direkt aus der Hölle stammen. Der Teufel selber habe diese Bücher gedruckt, hieß es. Man nahm an, dass der Besitzer eines Schwarzbuches dem Teufel mit Leib und Seele verschrieben war. Nur so ein Eingeweihter konnte mit dem Schwarzbuch richtig umgehen. Unkundige hingegen lasen sich ins eigene Verderben, das von Raben angekündigt wurde. Nicht selten waren Müller im Besitz eines solchen Zauberbuchs. Folgende Geschichte hat sich einmal in einer Mühle im Gusental zugetragen:

Am Heiligen Abend stapften der Müller, seine Frau und die Kinder durch tiefen Schnee zur Kirche in die Mette. Von allen Seiten strömten die Gläubigen im flackernden Schein der Laternen herbei. In der Mühle war nur der Mahlknecht geblieben. Er hatte im Haus und in der Mühle nach dem Rechten zu sehen. Da ihm langweilig wurde, begann er in alten Truhen zu kramen. Dabei stieß er auf ein vergilbtes Buch. Er trug es zum Tisch und schneuzte mit der Schere die Kerze. Neugierig geworden schlug er es auf. Er konnte nicht gut lesen, aber die Welt, die sich da vor ihm auftat, ließ ihn begierig weiter lesen. Der Mahlknecht war so vertieft im Buchstabieren, dass er nicht bemerkte, was um ihn vorging. Ein Fenster hatte sich geöffnet. Leise glitten pechschwarze Raben in die Stube. Sie hockten sich auf den Boden und begannen zu krächzen. Nun hob der Mahlknecht seine Blicke und erschrak.
„Krah! Krah! Krah!", kreischten die schwarzen Gesellen von allen Seiten auf ihn ein. Nun begriff er, dass er in einem Schwarzbuch gelesen hatte. Die Schar wurde größer und kam,

ihn einkreisend, immer näher und näher. Er zitterte am ganzen Leib. Weh dir, Knecht! Wenn du die Sätze nicht von hinten nach vorne in Übereinstimmung bringen kannst, ist es um dich geschehen!

Der Müller hockte indes unruhig in der Kirche. Er spürte, dass zu Hause etwas nicht stimmte. Noch vor Ende der Mette verließ er die Kirche und lief zur Mühle. Als er sich ihr näherte, sah er die Raben, die den Schein der Kerze umflatterten. Er trat in die Stube und schon fielen die Vögel über ihn her. Die Arme kreisend, so kämpfte er sich den Weg frei zum Tisch. Mit blutenden Händen riss er das Buch an sich. Sofort begann er von hinten nach vorne zu lesen. Dem Knecht befahl er, einen Sack Linsen auf den Stubenboden zu schütten.

Nun wandten sich die Raben den Linsen zu. Als der Müller den letzten Satz beendet hatte, waren auch die Linsen aufgepickt. Kreischend und flatternd verließen sie durch das offene Fenster die Stube.

TEIL III

In den folgenden Kapiteln findest du Informationen zur Geschichte, die mehr oder weniger für alle Gemeinden gelten. Ereignisse wie Kriege oder die Pest haben sämtliche Gemeinden betroffen. Auch die Auswirkungen des Hochwassers 2002 haben sich an keine Grenzen gehalten. Für besonders Interessierte und zur zeitlichen Orientierung gibt es auf den letzten Seiten des Buches eine Zeittafel.

Zur Rodung und Besiedlung des Mühlviertels

Ortsnamen, welche die Silbe „reit(h)", „reut" oder „schlag" in sich tragen, deuten auf vorausgegangene Rodungen hin (Steinreith, Stratreith, Reitern, Reitling, usw.). Um ein Gebiet roden und besiedeln zu können, brauchte man den Auftrag oder die Bewilligung des Grundherrn. Dieser gewährte für die Dauer von 10 bis 12 Jahren Abgabenfreiheit.
Heute kann man sich so eine schwere Arbeit gar nicht mehr vorstellen. Die Männer hatten ja weder Schubraupen noch Pulver zur Verfügung. Ihre Werkzeuge waren vor rund 1000 Jahren sehr einfach. Zuerst errichteten die Siedler eine Behausung für sich und das Vieh, das sie zur Arbeit benötigten oder das sie mit Nahrungsmitteln versorgte. Sie hielten sich also Ochsen, Kühe, Schweine und Hühner. Wahrscheinlich schliefen sie mit den Tieren im selben Raum. Wasser in der Nähe zu haben, war ebenfalls lebensnotwendig.
Das Ausgraben der Wurzelstöcke war eine harte und gefährliche Arbeit. Manche Bäume waren ja bis zu tausend Jahre alt. Baum für Baum musste gefällt werden, um Raum für Felder und Wiesen zu erhalten. Der Wald, der damals zu roden war, glich eher einem verfilzten Urwald als den gepflegten und regelmäßig durchforsteten Monokulturen von heute. Auch wenn man die Bäume verbrannte, was viel schneller ging, mussten die Baumstrünke ausgegraben werden. Dieses Roden mittels Feuer nannte man „schwenden". Orte oder Bauernhöfe, welche die Silbe „schwend" oder „gschwandt" aufweisen, deuten auf diese Rodungsart hin (Asanger, Abbrandner, Gschwandtner, usw.). War ein Grundstück von Bäumen frei, mussten auch noch, so gut es ging, die Steine entfernt werden. Bei dieser harten Arbeit mit Hebelstangen, Zugochsen, Beilen und Sägen wurden die Siedler nicht alt. 35

bis 40 Jahre war die durchschnittliche Lebenserwartung. Jene, die rodeten, wussten von vornherein, dass sie nicht die Nutznießer der Arbeit waren. Sie arbeiteten für die nachkommenden Generationen. Ein Spruch, der bis in unsere Tage erhalten ist, lautet:

> *Dem Ersten der Tod,*
> *Dem Zweiten die Not,*
> *Dem Dritten das Brot.*

Leute, die sich bei den harten Rodungsarbeiten besonders bewährt hatten, bekamen das von ihnen erarbeitete Siedlungsland als freien Besitz. Sie konnten vorerst unabhängig über ihr Eigentum verfügen. Sie waren keiner Grundherrschaft, wohl aber dem Landesfürsten mit Dienstleistungen verpflichtet.
Auf Dauer konnten sie jedoch dem Druck der Großgrundbesitzer nicht standhalten. Im Lauf der Zeit haben immer mehr „Freieigner" ihre Unabhängigkeit aufgeben müssen. Sie haben ihren Besitz einem Kloster oder einem weltlichen Grundherren verkauft. Sie blieben meist, nun aber als Untertanen, auf dem Hof.
Die Hofnamen „Aigner" weisen noch heute auf den einstigen Status als unabhängige Bauern hin.

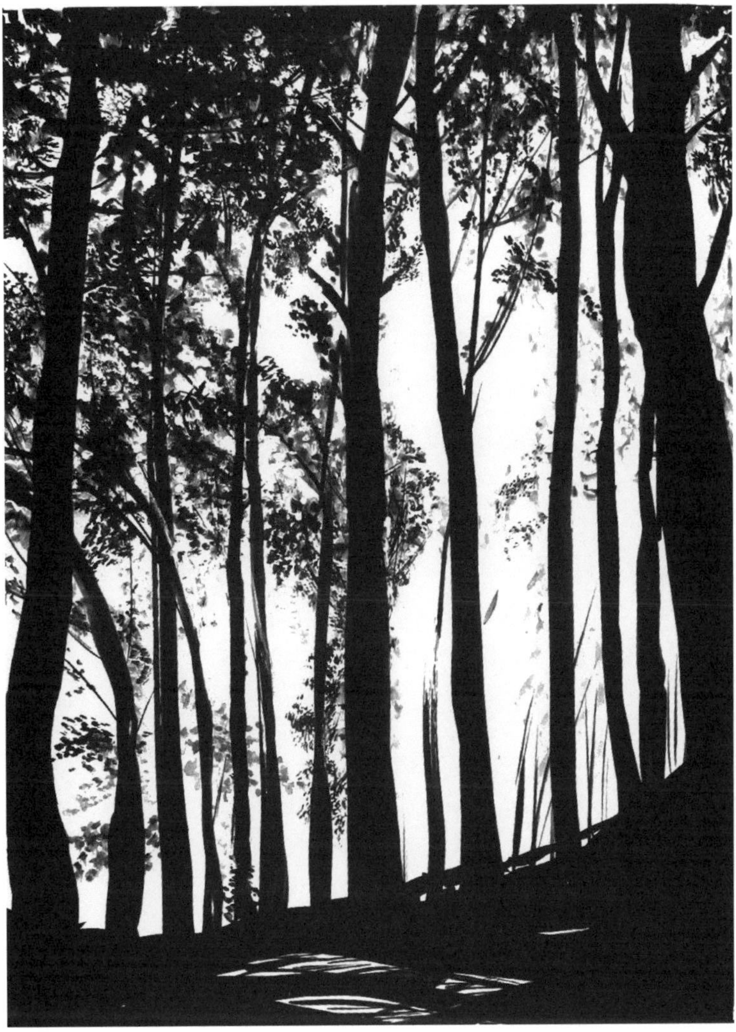

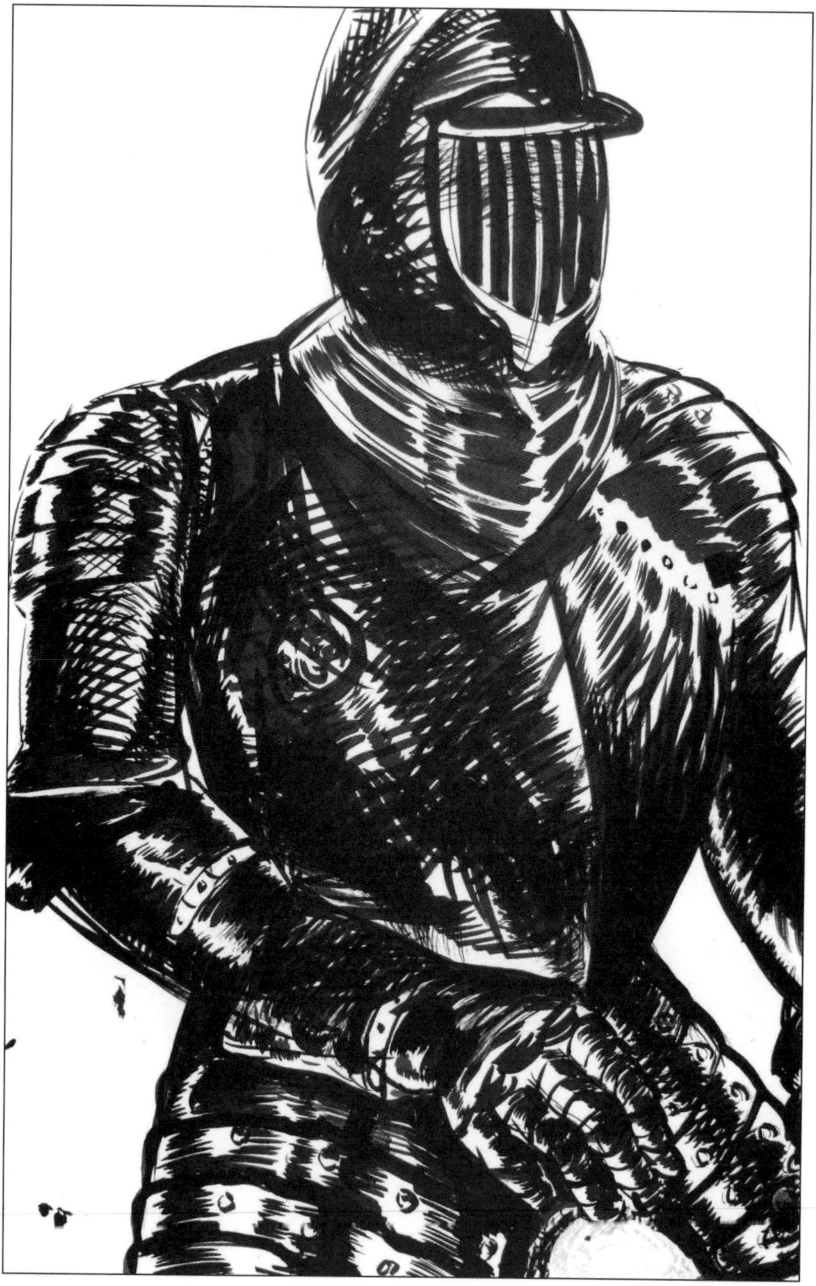

Über das Alltagsleben im Mittelalter

Wie das Leben in den Städten und auf den Burgen ausgesehen hat, darüber weiß man einiges. Über das Leben auf dem Land wissen wir verhältnismäßig wenig. Immerhin haben die Bauern, Mägde und Knechte nicht nur sich, sondern auch alle anderen Menschen in den Städten und auf den Burgen und Klöstern ernähren müssen. Sie trugen die größten Lasten und waren die Basis für alle zivilisatorischen und kulturellen Anstrengungen. Trotzdem wurde ihr Leben nicht aufgezeichnet. Ihr Alltag hinterließ kaum Spuren. Aufgeschrieben wurde meistens nur, was an Abgaben zu entrichten war und wie viele Tage Robot (unbezahlte Arbeit) sie für die Herrschaft zu leisten hatten.
Auch über das Privatleben der Führungsschicht ist nicht viel überliefert. Aufgeschrieben wurden herausragende Ereignisse: Kriege, Brände, Hungersnöte, Hochzeiten, Friedensschlüsse und Grenzziehungen. Aber was sind schon Daten und Fakten in Urkunden und Akten ohne Fleisch und Blut? Was können deine Geburtsurkunde und deine Zeugnisse über dich schon erzählen? Fast nichts. Wie die Menschen gefühlt und was sie gedacht haben, ob sie traurig oder heiter waren, darüber wissen wir wenig.

Was weißt du übers Mittelalter? Dass es Burgen gab und Burgfräulein? – Dass die Ritter ziemlich viel Eisen herumschleppten, um gegen die Waffen des Feindes gewappnet zu sein? – Dass es Turniere gab und zerbrochene Lanzen, die im Staub der Turnierplätze oder als Feuerholz geendet haben? Bekannt ist, dass die Lebenserwartung kürzer war, und dass das Leben eines Untertanen für die Herrschaft oft nicht wertvoller war als das Leben eines Tieres.

Vieles wissen wir nur über Funde. Was heute in Müllverbrennungsanlagen vernichtet wird, landete früher in Abfallgruben oder auf Misthaufen. Der Abfall von damals ist für den Archäologen von heute höchst interessant: Tierknochen, Tonscherben, Gefäße, Leder, Holz, Metallteile, Werkzeuge und Waffen. Durch das Untersuchen solcher Dinge kann man feststellen, ab wann diese und jene Stelle besiedelt war, was die einstigen Bewohner gearbeitet und wie sie sich ernährt haben. Was sie angebaut und welche Tiere sie gehalten haben.
Über Kleidungsgewohnheiten und das Aussehen der Häuser erzählen auch Bilder. Bilder auf Wänden (so genannte Fresken), Tafelbilder, Graphiken und Buchillustrationen. Auch über die Rangordnung in einer Gesellschaft sagen solche Bilder etwas aus. Wer Macht hatte und wer nicht. Und wie das Zusammenleben von Männern und Frauen gestaltet war.

Und wie lebten die Kinder?
Als Mädchen zur Welt zu kommen, hieß damals, die schlechteren Karten erwischt zu haben. Die Freude über die Geburt eines Mädchens hielt sich in Grenzen. Die Geburt eines Sohnes wurde hingegen mit Begeisterung aufgenommen. Der Fortbestand der Familie erschien durch den Familiennamen gesichert. Noch heute gelten Buben als „Stammhalter".
Die erste Prozedur, die das junge Leben über sich ergehen lassen musste, war die Taufe. War das Kind schwach oder krank, vollzog die Hebamme sofort eine Nottaufe. Doch normalerweise wurde das Sakrament in der Kirche gespendet. Mit der Wahl des Vornamens waren meist Wünsche und Vorstellungen verbunden. Diese waren gewiss andere als heute. Vom Namen des Heiligen sollte das Kind die Kraft für ein gottesfürchtiges Leben erhalten.
Am schlimmsten erging es unehelichen Kindern. „Dick sein",

also schwanger werden, durfte nur eine verheiratete Frau. War ein „Mensch", ein Mädchen schwanger, so war das eine Schande für sie und die Angehörigen. Und das „ledige" Kind war oft sein Leben lang geächtet.

Das erste Jahr war für Kinder das gefährlichste. Kinderkrankheiten, Infektionen und Seuchen bereiteten vielen Kindern schon ein Ende, bevor sie noch das Gehen erlernt hatten. Von den vielen Kindern, die damals geboren wurden, erreichten nur wenige das Erwachsenenalter. Es galt die Regel: Je niedriger der Stand der Eltern, umso höher die Wahrscheinlichkeit, das 15. Lebensjahr nicht zu erleben.

Die Kinder mussten schon bald arbeiten. Mädchen mussten jüngere Geschwister betreuen und im Haushalt helfen. Kinder von Bauern mussten oft schon mit 12 oder 13 Jahren als Mägde oder Knechte arbeiten.

Die Menschen waren nahezu hilflos der Willkür der Natur und den Launen der Mächtigen ausgeliefert. Naturkatastrophen vernichteten die Ernte und hatten oft Hungersnöte zur Folge.

Aber auch Kriege und Belagerungen, Krankheiten und Seuchen waren eine ständige Bedrohung. „Mitten im Leben sind wir vom Tod umgeben", seufzte Notker der Stammler bereits im 9. Jahrhundert. Er war Mönch und Dichter im Kloster St. Gallen, dessen Namenspatron auch für den Ortsnamen Gallneukirchen ausschlaggebend war.

Hoffnung gab nur der Glaube an Gott. Die Kirche versprach nach einem gottesfürchtigen Leben das ewige Heil. Nur im Himmel, so die Lehre, gibt es Jugend ohne Alter, Freude ohne Trauer, Reichtum ohne Armut, Leben ohne Tod, Liebe ohne Hass und Schönheit ohne Makel.

Wer jedoch nicht so lebte, wie die Kirche und die Obrigkeit

verlangten, dem wurde die Hölle versprochen. Diese bedeutete ewige Verdammnis.

Ab dem 12. Jahrhundert sagte die Kirche, dass man auch ins Fegefeuer kommen könne. Von dort sei es dann noch möglich, in den Himmel aufzusteigen. Je schwerer die Sünden, umso länger musste einer im Fegefeuer büßen. So predigten die Priester. Dadurch lebten die Menschen in großer Angst. Diese wurde durch Malereien in den Kirchen noch geschürt. So eine Höllendarstellung musst du dir einmal ansehen. Darauf wimmelt es nur so von Teufeln und allerlei Getier, die nichts anderes zu tun haben, als den Menschen zu quälen. Oft stehen die Sünder in riesigen Bottichen, unter denen ein Feuer brennt. Heute kann man in Anbetracht solcher Darstellungen vielleicht schmunzelnd den Kopf schütteln und die Phantasie des Malers bewundern. Für die Leute damals war das Geschilderte jedoch bitterer Ernst.

Da, wie schon gesagt, die meisten Menschen ungebildet aufwuchsen, waren sie anfällig für abergläubische Deutungen und Handlungen. Sie fürchteten sich auch vor Dingen, die sie sich nicht erklären konnten. Behinderte Menschen wie Lahme, Taube, Einäugige und Bucklige hielt man beispielsweise für besessen oder für Hexen. Da es kaum Ärzte gab, kümmerten sich um die Kranken so genannte Gesundbeter, Kräuterweiberl und Heiler. Einige trieben allerlei Hokuspokus und verwendeten als Arzneimittel zum Beispiel zerriebene Mumien aus Ägypten, zerstampfte Kröten oder Schlangen. Die Pflanze Beinwell wurde bei Knochenbrüchen angewandt, die Schafgarbe stillte bei Fleischwunden die Blutung. Hatte man Zahnschmerzen, ging man zum Friseur – damals Bader genannt. Er schnitt nicht nur die Haare, sondern zog auch die schmerzenden Zähne. Ohne Betäubung und mit einer handgeschmiedeten Zange, dass es nur so knirschte und krachte ...

Der Medicus bot auf dem Markt seine Dienste an. Die lateinische Berufsbezeichnung sollte ein Studium vortäuschen. Auch er hatte den Beruf eines Arztes meistens nicht erlernt. Nach einigen „Behandlungen" zog er meistens schnell weiter, um sich nicht dem Zorn der geprellten Patienten auszuliefern. Er arbeitete mit einem Skalpell (einem scharfen Messer) und einer Knochensäge. Die Operationen endeten oftmals tödlich, so wie beim Kaiser Friedrich III. in Linz.

Eine traurige Geschichte für sich ist der Glaube an Hexen. Vom späten Mittelalter bis herauf ins 18. Jahrhundert waren junge, hübsche Mädchen besonders gefährdet. Kamen sie mit roten Haaren auf die Welt, waren sie doppelt gefährdet. Sie wurden noch eher verdächtigt, Hexen zu sein.

Es genügte, wenn jemand sagte, ich habe bei dieser und jener den Teufel gesehen, oder der Teufel sei zu ihr in Gestalt eines Hundes gekommen. Der bloße Verdacht genügte, und das Mädchen oder die Frau wurde eingesperrt, verhört und gefoltert. Man meinte, dass Frauen über Sex mit dem Teufel von ihm in Besitz genommen würden. Da sie äußerst schmerzhaft gefoltert wurden, gaben schließlich die Frauen alles zu, was man von ihnen hören wollte. Das stachelte wiederum die Phantasie der Leute an, und sie steigerten sich in einen regelrechten Hexenwahn hinein. Viele Frauen wurden schuldig gesprochen, hingerichtet und anschließend auf Scheiterhaufen verbrannt. Diese verrückten Verfolgungen traf vor allem die Ärmsten der Armen und wurden von der Obrigkeit benützt, um zwischen abergläubischen Untertanen Zwietracht zu säen. Auch Kinder waren von diesen schrecklichen Verfolgungen nicht sicher.

Für die Ausbreitung und die Exzesse des Hexenglaubens hatte das Buch „Der Hexenhammer" entscheidende Wirkung. Es erschien das erste Mal 1487 in Straßburg. Die letzten Hinrichtungen von „Hexen" wurden gegen Ende des 18. Jahrhunderts vollstreckt. Vereinzelt haben Hexenprozesse auch im Mühlviertel stattgefunden.

Auch Gelehrte, welche die Vorgänge in der Natur wissenschaftlich zu erklären versuchten, waren gefährdet. Die Kirche behauptete damals, alles sei so gewesen, wie es in der Bibel steht. Die Tiere seien, so wie der Mensch, von Gott gemacht, und die Erde sei eine Scheibe. So wurde z. B. Galileo Galilei (1564 – 1642), der überzeugt war, die Erde bewege sich um die Sonne (und nicht umgekehrt), eingesperrt. Er musste seine Lehre widerrufen. Legendär ist sein Ausspruch: „Und sie (die Erde) bewegt sich doch!"

Wie lebten die Bauern am Ende des Mittelalters und in den Jahrhunderten danach?

Die Häuser

Die Wohngebäude wurden in der Riedmark meistens aus Granit errichtet. Zum Mauern wurde statt Mörtel meistens Lehm verwendet. Teile des Wirtschaftsgebäudes und Hütten wurden aus Holz gebaut. Der Dachstuhl war ebenfalls aus Holz gezimmert, zum Dachdecken war das lange Kornstroh ideal. Es wurde mit einer Sichel büschelweise abgeschnitten und durfte nicht geknickt werden. Zum Bauen konnte also nur Material verwendet werden, das die Natur zur Verfügung stellte: Steine, Holz, Lehm (aus dem man auch Ziegel machte) und Stroh. War das Gelände abschüssig oder steil, wurde das Haus auf einer Seite in den Hang hinein gebaut. Solche Häuser „duckten" sich in die Landschaft, ja verschmolzen sogar mit ihr.

Meist gab es nur einen Raum, in dem der Bauer mit seiner Familie lebte. Es kam auch vor, dass kleinere Haustiere in so einem Raum schliefen. Die Lebensgemeinschaft zwischen Tier und Mensch war damals viel enger als heute.

Als Haustypen haben sich in unserer Region zuerst die Streckform und die Hakenform, dann der (fränkische) Dreiseithof und der Vierkanter entwickelt beziehungsweise durchgesetzt.

Lehensnehmer einer Hofstatt (15 Joch), Sölde (8 Joch) oder eines Häuscls (4 Joch) übten oft auch ein Nebengewerbe aus. Das Joch ist soviel Land, wie man früher an einem Tag mit einem ins Joch gespannten Ochsen umpflügen konnte; ein Joch sind rund 5755 Quadratmeter oder 57,55 Ar.

Die Brunnen

Eine notwendige Voraussetzung für jedes Leben und so auch für jede Ansiedlung war Wasser. Deswegen waren die Täler der Gusen auch so begehrt. Andererseits drohten immer wieder Hochwasser; auch breiteten sich in feuchten und sumpfigen Gebieten die Seuchen schneller aus. Gesünder war die Luft auf trockenen Höhen. Dort gab es jedoch weniger Wasser, und in den Sommermonaten konnten Wasserläufe versiegen. So kam man auf die Idee, Brunnen zu graben oder das Wasser dort hinzuleiten, wo man es brauchte. Es gab so genannte „Langbrunnen" mit „hoamrinnadem" Wasser. Das Wasser lief also durch Gräben oder Rohre zum Haus in einen „Trog", „Grander" oder in ein „Wasserkaar".
Um Wasser aus einem Brunnen zu bekommen, wurde ein handbetriebenes Pumpsystem entwickelt. Ein der Länge nach durchbohrter Föhrenstamm wurde in den Brunnenschacht gestellt und fixiert. Der obere Teil des Stammes sollte ungefähr zwei Meter über den Brunnenrand hinausragen. Er wurde mit einem „Pumpenkopf" verziert. Über eine Stange, die man auf und ab bewegte, wurde Wasser angesaugt. Diesen Brunnentyp nannte man „Stanglbrunn". In der näheren oder weiteren Umgebung eines Hofes wurden auch „Kö(h)brunnen" angelegt. Voraussetzung dafür war eine Quelle, über die man mit Steinen ein kleines Gehäuse errichtete und mit einer Steinplatte abdeckte. Solch kalte und kühlende Brunnen boten bei Arbeiten in der heißen Jahreszeit willkommene Kühlung. Meist wurden sie in der Nähe von Wiesen und Feldern angelegt; stellte man den Mostkrug hinein, blieb der Inhalt frisch.

Grund und Boden

Das Land, das die Bauern bearbeiteten, gehörte den Grundherren. Grundherr konnte ein Kloster oder ein Burgherr sein. Die Grundherren teilten den Bauern Land zu, das sie roden und bebauen durften und beschützten sie. Als Gegenleistung dafür hatten sie dem Grundherren Robot zu leisten, das heißt, sie mussten ohne Bezahlung mehrere Wochen für ihn arbeiten.
Darüber hinaus mussten sie den zehnten Teil der Ernte (den Zehent) an kirchliche Einrichtungen wie Klöster abliefern. Aber auch die weltlichen Grundherren bekamen Getreide, Geflügel, Eier und Fleisch (die genaue Menge war in den so genannten Urbaren eingetragen)
Den Bauern war verboten, auf die Jagd zu gehen. Weiters durften sie ohne Erlaubnis der Grundherren nicht heiraten, den Wohnort wechseln oder einen anderen Beruf ergreifen.
Viele Bauern verarmten, weil die Grundherren sie immer stärker ausbeuteten. Sie wurden Leibeigene und hatten wie Sklaven zu leben. Der Grundherr war auch Gerichtsherr und damit Herr über Leben und Tod seiner Untertanen. Die Strafen waren oft hart und grausam.
Die Dreifelderwirtschaft erwies sich als die günstigste (2 Jahre Getreide, 1 Jahr Brache). Sie wurde bis ins 19. Jahrhundert beibehalten. Angebaut wurden Hafer und Roggen, nur selten Weizen und Gerste. Wichtige Nahrungsmittel waren Bohnen, Erbsen, Rüben, Kraut und Buchweizen. Kartoffeln wurden erst im Laufe des 18. Jahrhunderts bei uns bekannt.

Der schwarze Tod – die Pest

Die Pest wurde mit den Kreuzzügen aus dem Orient eingeschleppt. Noch Jahrhunderte später trat sie immer wieder auf. Pilger, Landstreicher, Handelsleute, durchziehende und umherstreifende Soldaten verbreiteten die Seuche meist rasch von Land zu Land, von Ort zu Ort.
Die Beulenpest wurde „Leidige Seuch", „Leidige Infektion" oder „Schwarzer Tod" genannt.
Aufzeichnungen über Todesfälle in unserer Gegend sind erst ab 1625/26 bekannt. Über die Pesttoten in den Jahrhunderten davor gibt es keine gesicherten Angaben, da mit Eintragungen in das Gallneukirchner Totenbuch erst im Jänner 1625 begonnen wurde. Man weiß nur, dass 1348/49 ein Drittel der Bevölkerung unseres Landes dahingerafft wurde.

Die Ansteckungsgefahr war bei den damaligen hygienischen und sanitären Verhältnissen groß. In manchen Fällen wurden innerhalb kurzer Zeit ganze Familien ausgerottet: In der Ortschaft Oberbairing starben 1625 insgesamt 23 Personen an der Pest. Ganz entsetzlich wurde das Haus des Wirtes und Schmiedes Matthias Angerer betroffen. In einer einzigen Woche mussten 8 Personen das Leben lassen: der Wirt selbst, seine Frau und ihre drei Kinder; von einer Familie, die als „Häuslleute" bei ihnen wohnte, starben die Frau und zwei Kinder. Es wurde vermutet, dass die Dienstmagd, die schon 3 Wochen vorher gestorben war, die Seuche ins Haus gebracht hatte.
Die Seuche wütete fast in allen Dörfern der Gusentalgemeinden. In Hattmannsdorf starben in nur einer Woche sechs Personen, in Kaindorf und in Kelzendorf insgesamt sechs, in Spattendorf und Heinberg neun, in Breitenbruck und Au

sechs. Auffallend viele Tote gab es auch zwischen Auhof und Gallneukrichen, am Linzersteig, an der Linzerstraße und am Linzerberg. Auf der alten Linzerstraße wurde nämlich die Seuche ins Gusental hereingebracht.
Meistens wurden zuerst die Kinder von der Krankheit befallen, dann erst die Erwachsenen. Auf dem Schweinbergergut in Edtsdorf (damaliger Besitzer Max Walch, heute existiert der Hof nicht mehr) starben vom 24. Oktober 1625 an der Reihe nach alle Kinder des Bauern, insgesamt sieben. Sie waren zwischen fünf und achtzehn Jahre alt. Dann starben auch noch ein Ziehsohn, vier Jahre alt, der fünzehnjährige Matthäus Weber, „der sich im Hause aufhielt" (ein so genannter „Inwohner"), schließlich der Bauer selbst am 1. Dezember. Das macht zusammen 10 Tote in einem Haus in nur fünf Wochen. Im ganzen Dorf gab es innerhalb von 12 Wochen 25 Todesfälle. In der ganzen Pfarre Gallneukirchen – die Pfarren Altenberg und Alberndorf gab es damals noch nicht – starben im Jahre 1625 insgesamt 251 Personen – doppelt so viele wie in einem normalen Jahr.

Auch am Ende des 30jährigen Krieges, zwischen 1648 und 1650, gab es viele Pesttote in unserer Gegend. Außerordentlich hoch war die Zahl der Toten im Pestjahr 1648. Damals starben im Pfarrgebiet Gallneukirchen 552 Menschen!
Bereits zehn Jahre später griff die Seuche wieder auf das Gebiet der heutigen Gusentalgemeinden über. Die Angst und Not der Menschen kann man sich heute gar nicht mehr vorstellen. In diesen Jahren gab es viele Seuchenopfer auch unter den Vaganten und Bettlern. Als Vaganten bezeichnete man im Mittelalter Studierende und Gelehrte, die freiwillig oder durch Not gezwungen waren, unstet herumzuziehen. Es gab darunter aber auch Handwerker, Musiker und ehemalige

Soldaten, denen ein Bein oder ein Arm fehlte. Diese von Ort zu Ort wandernden Besitzlosen haben ebenfalls die Krankheit verbreitet. Manchmal lagen sie tot vor den Häusern, weil sie nicht mehr eingelassen worden waren. 1694 sind insgesamt 15 solche Menschen im Pfarrgebiet Gallneukirchen gestorben, von denen man weder Herkunft noch Namen wusste.

Besonders gefährdet waren jene Orte, wo viele Leute zusammenkamen: die Wirtshäuser und die Mühlen. Mühlen und Schmieden sind immer wieder als Sterbeorte vermerkt. Wenn in einem Dorf oder Markt die Pest ausgebrochen war, sperrte man das ganze Dorf ab. Niemand, außer die Beamten der Behörden, durften hinaus oder hinein. An den Durchzugswegen wurden Wachen aufgestellt. Sie mussten, mit Gewehren bewaffnet, die Leute am Betreten des Dorfes hindern. In Schweinbach, wo im letzten oberösterreichischen Pestjahr 1713 die Seuche besonders wütete, wurden für die sechs Wachmannschaften sogar eigene Wachthäuser errichtet. Bei der Mühle ist ein eigener Wächter aufgestellt gewesen, nämlich „Georg Pistl bey der Mill auf Schweinbach".

Die Versorgung und Behandlung der Pestkranken war schlecht. Ärzte standen den Pestkranken meistens nicht bei. Der Bader Sauerlachner von Gallneukirchen hat zum Beispiel im Jahr 1713 die Seuchenorte gar nicht betreten. In Gallneukirchen und Schweinbach wurden Lazarette eingerichtet, die von einem Lazarettmeister betreut wurden. Der Bader lieferte zumindest Medikamente und Instrumente. In den abgelegenen Dörfern rund um Gallneukirchen muss die Lage für die Erkrankten noch schlimmer gewesen sein. In Schweinbach wurde ein eigener „Pest-Freithof" errichtet. Für die Beerdigung hatte der Lazarettmeister zu sorgen.

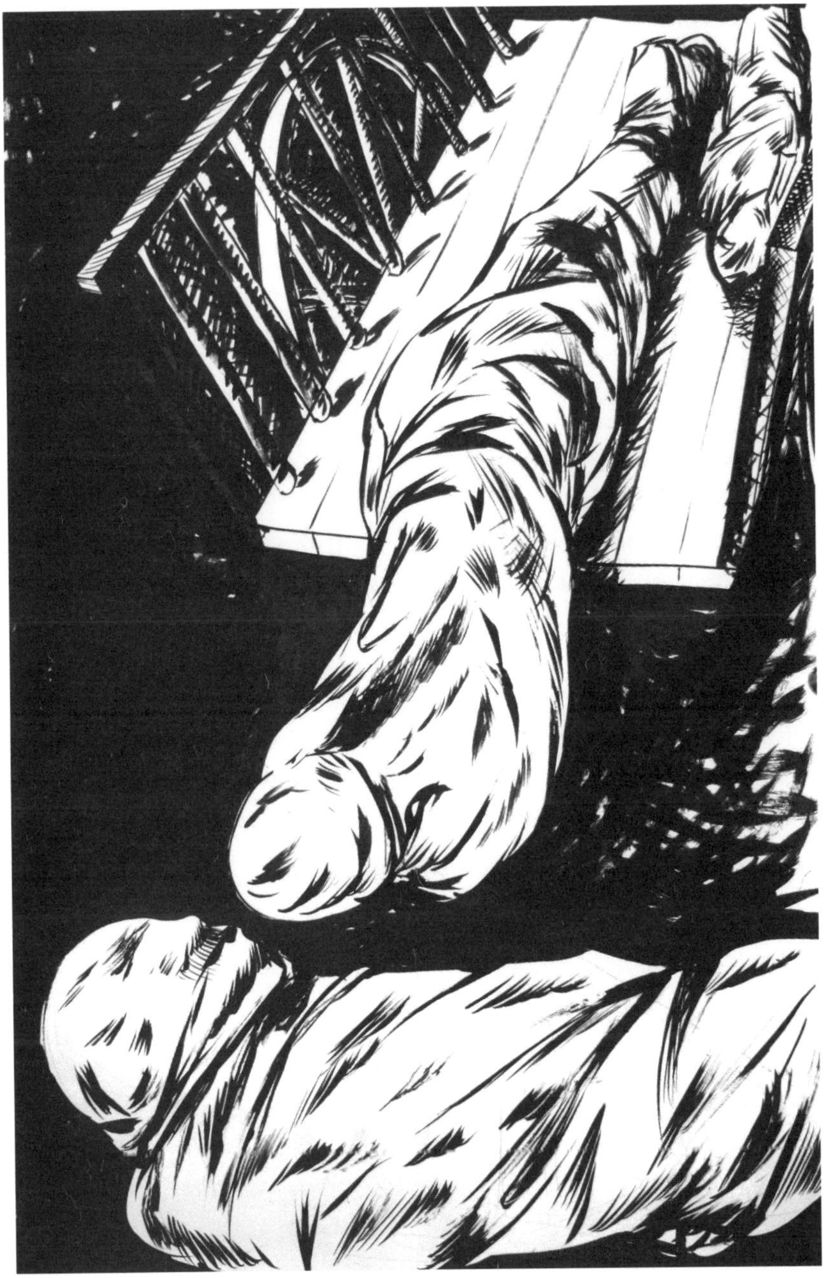

Die Behandlung der Pestkranken kommt uns aus heutiger Sicht etwas komisch vor. Folgende Medikamente wurden damals verwendet:
- Pulver, Pflaster zum „Aufzeitigen" der Pestbeulen und „Dippl";
- Kampfer und Wacholderöl zum Einreiben;
- „Gifftpeischl" (kleine Bauschen) zum Umhängen für Gesunde und Kranke;
- „Pestrauker" und „Kronabethscheiter" (Wacholderholz) zum Ausräuchern der Behausung.

Als Vorkehrungen gegen die Ansteckung wurden empfohlen:
- Peinliche Reinhaltung der Behausungen und Brunnen;
- Sauberkeit bei Haushaltsgeräten und Kleidern;
- Speise und Trank sollen mäßig, stets gekocht und kräftig mit „Kronawitt" und Bibernell gewürzt genossen werden;
- Scharfes Würzen galt als Hilfsmittel gegen Ansteckung. Daher wurden Knoblauch, Zwiebel, Pfeffer, Muskatnuss und Essig zum Würzen empfohlen. „Pestbranntwein" (z.B. aus Wacholderbeeren) sollte ebenso vorbeugen.

Dazu gibt es folgende Geschichte. Als wieder einmal eine Pestepidemie die Menschen bedrohte, flog ein Vöglein aus dem Wald: Es zwischerte: „Iss Kronabit und Pimpinell, steh auf, stirbst nit so schnell!" – Ein anderer Spruch hieß: „Laufe schnell zu Kronawitt und Bibernell!"

Jene Personen, die Pestkranke betreuen mussten, versuchten sich gegen Ansteckung durch verschiedene Maßnahmen zu schützen. Sie trugen Pestmasken, die mit Riechstoffen eingelassen waren.
Grundsätzlich wollte man einem Pestkranken nicht zu nahe

kommen, ihn schon gar nicht berühren. Zum Öffnen von Pestbeulen verwendete man beispielsweise kleine Messer, die an einem fast zwei Meter langen Stab befestigt waren.
Zur Verabreichung von Hostien bei der „Letzten Ölung" wurde ein so genannter Hostienstab oder Hostienlöffel verwendet.

Da man wusste, dass die Medizin zur Abwehr oder Behandlung der Seuche nicht ausreichte, hofften viele auf die Kraft ihrer Gebete. Man verehrte bestimmte Heilige, die sozusagen für die Abwehr der Seuche zuständig waren. Als „Pestheilige" wurden sowohl Blasius und Rosalia, als auch Sebastian und Rochus um Hilfe angerufen. Altäre, Kapellen und Glocken waren diesen Heiligen geweiht. Auch mit Bannsprüchen an den Haustüren wollte man das Eindringen der Pest verhindern.

In Zeiten der Ohnmacht und Hilflosigkeit waren die Menschen früher sehr abergläubisch. So auch in den Pestzeiten. Manche glaubten, der Gestank von Ziegenböcken könne Pestkeime abtöten. Daher trieben sie Ziegenböcke täglich zweimal durch alle Räume. Weil Frösche und Kröten das Pestgift aus den Drüsen ziehen sollten, legte man sie auf Pestbeulen.

An die Pest erinnern noch heute Pestsäulen und Kreuze. In Schweinbach wurde lange erzählt, dass das Dorf einmal fast ausgestorben sei, bis auf einen einzigen Bewohner. Der ehemalige „Pest-Freithof" beim Gusensteg heißt heute noch Freithof-Lüßl. Richtung Schweinbach, unterhalb der Straße, steht eine Pestsäule. Auch die „Schweinbergerkapelle" in Edtsdorf erinnert an einen Pestfriedhof. Man hat die Pesttoten mit Hakenstangen aus den Häusern gezogen und am Rande des Dorfes begraben.

Auch auf der „Bassgeige", das ist der Höhenrücken zwischen Breitenbruck und Gratz, steht eine Pestsäule. Eine weitere Pestsäule steht in Gallneukirchen an der Gaisbacherstraße.
Der Gallneukirchner Dichter und Heimatforscher Franz Jäger erzählt von einer Stelle bei Schweinbach, wo ein Priester über ein Feuer hinweg einem sterbenden Pestkranken mit einem langen goldenen Löffel die Hostie gereicht haben soll.
Pestsäulen wurden aber auch als Dank dafür aufgestellt, dass man von der Pest verschont geblieben war.
Aber auch eine Redewendung erinnert noch an die Pest: Will man ausdrücken, dass jemand mit einer Sache oder einer Person absolut nichts zu tun haben möchte, sagt man noch heute: Er meidet sie oder ihn wie die Pest.

Das Schloss Riedegg.
Die Starhemberger als Leuteschinder

Die Bezeichnung „Unteres Mühlviertel" gab es früher nicht. Das Gebiet, in dem wir heute wohnen, wurde Riedmark genannt. Und der Sitz des Landgerichtes Riedmark war Riedegg!
Das Schloss Riedegg steht auf einem steilen Felskegel am Eingang zum Gusental. Ringförmig fließt der Fluss nahezu um den gesamten Berg. Vom Turm und von den Mauern der Burg kann das Auge ein großes Gebiet überblicken. Diese Vorzüge ließen den Ort viele Jahrhunderte lang zu einem Ausgangspunkt der Besiedelung werden.
Für das Wort „ried" gibt es zwei Erklärungen: Es kann „Rodungsgebiet", aber auch „Sumpfgebiet" bedeuten.

Riedegg wurde zum ersten Mal 1145 in einer Urkunde erwähnt. Dem „hochfreien Geschlecht" der Haunsperger war das gesamte umliegende Gebiet zur Rodung und Besiedlung anvertraut worden. Die Haunsperger starben jedoch bald aus. Im Jahre 1211 kam Riedegg in den Besitz des Hochstiftes Passau. Im Jahre 1411 verkaufte das Stift Passau die „Veste Riedegg" samt Gallneukirchen an die Starhemberger, und zwar um „5000 Pfund gute Wiener Pfennige". Das waren eine Million zweihunderttausend (1 200 000) Silbermünzen. Heute könnte man sich dafür zirka 90 Bauernhöfe kaufen. Von da an blieb Riedegg mehr als 500 Jahre im Besitz der Starhemberger.

Der Nebenraum der Schlosskapelle diente als Gerichtssaal. Dort wurde über straffällig gewordene Untertanen Gericht gehalten. Die Angeklagten konnten sich damals nicht verteidigen. Sie wurden oft gefoltert und mit Schlägen bestraft. Viele wurden zum Tode verurteilt. Die Hinrichtungsstätte wurde „Gugaläa" genannt, sie befindet sich im Wald oberhalb des Warschenhofer-Bauern Richtung Punzenberg. Der Galgen stand also nördlich von Gallneukirchen auf einer freien Fläche im Wald. Heute erinnert ein Gedenkstein an den grausigen Platz. Eine daneben angebrachte Inschrift lautet: „Hier befand sich 1272–1756 die Richtstätte von Gallneukirchen". Dies ist nicht ganz korrekt, da, wie schon gesagt, die Verurteilten aus der gesamten Riedmark stammen konnten.

Die Starhemberger kümmerten sich nur selten um das Wohl der abgabepflichtigen Untertanen. Besonders arg trieb es Gotthard von Starhemberg im Jahr 1597. Er führte die so genannte „Mühlviertler Streif" durch: Mit hundert Mann zu Pferd drangsalierte er die Bauern und presste ihnen hohe Geldsummen ab. Gotthard brüstete sich mit 10 000 eingenommenen Talern. 27 wahllos auf der Straße aufgegriffene Bauern hat er einfach aufhängen lassen. „Damit sie ihre Birnen besser sehen", meinte er spöttisch.

Die Fürsten von Starhemberg boten dem Kaiser in Wien gerne ihre Kriegsdienste an. So machten sie auch Kriegsbeute und Kriegsgefangene. In der Zeit der ersten Türkenkriege trieben sie besonders viele Kriegsgefangene donauaufwärts. Unter Erasmus I. von Starhemberg mussten sie die große Wehrmauer errichten, die neben der Auffahrt zum Schloss hoch aufragt. Sie wird heute noch „Türkenmauer" genannt. Dazu muss man ergänzen, dass damals alle Männer, die für den Sultan und das Osmanische Reich kämpfen mussten, als Türken bezeichnet wurden. Ein „Türke" konnte also auch ein Ungar oder ein Albaner sein, weil ihre Länder damals von

den Türken besetzt waren. Auch beim Ausbau der Befestigungsanlagen und beim Graben eines Brunnens durch den Felskegel mussten „Türken" arbeiten. Er ist 56 Meter tief und reicht hinunter bis zum Grundwasser der Gusen.
Was aus all den „türkischen" Kriegsgefangenen geworden ist, kannst du dir denken.

Nach dem 1. Weltkrieg ging die Herrschaft der Starhemberger zu Ende. Der letzte Starhemberger auf Riedegg, Fürst Ernst Rüdiger, verkaufte das Schloss samt Ruine im Jahr 1934 an den Engländer Albert Curle Slater. Ein Erholungsheim für englische Studenten sollte entstehen. Nach zwei Jahren gab der Engländer sein Vorhaben auf. Es war finanziell nicht rentabel. Im Jahr 1936 erwarben die Missionare von Mariannhill das Anwesen. Ab 1971 waren auch verschiedene Schulen auf Schloss Riedegg untergebracht: Volksschule, Gendarmerieschule und, bis heute, eine Polytechnische Schule.

Die Bauernkriege

Als die Herrschaft Burgen baute und sich rundum Bauern ansiedelten, galt folgende Abmachung: Die Burgherren und ihre Ritter beschützen ihre Untertanen, dafür geben diese alljährlich etwas von ihrer Ernte an die Burgherren und Klöster ab. Diese ursprüngliche Abmachung wurde jedoch über die Jahrhunderte immer mehr zu Ungunsten der Untertanen verändert. Aus der Schutzmacht war eine Blut saugende Obrigkeit geworden, die willkürlich die Abgaben nach oben veränderte. Vor allem in Kriegszeiten oder wenn wieder einmal eines der herrschaftlichen Bauten umgebaut oder vergrößert werden sollte, wurden die Bauern und Bauernsöhne zu Leistungen gezwungen, die über die Abmachungen hinausgingen. Und irgendwer musste ja auch die vielen Kriege finanzieren.
Verwalter einer Herrschaft war der so genannte Pfleger. Er war zugleich auch der oberste juridische Beamte. Manche Pfleger waren noch „päpstlicher als der Papst", das heißt sie waren besonders grausam zu den Untergebenen, um vor der Herrschaft gut dazustehn oder um sich selber Vorteile herauszuschinden. Manche Pfleger kamen auch aus ärmlichen Verhältnissen und wollten zeigen, dass sie mit ihrer Herkunft nichts mehr zu tun haben. Dieses Verhalten hat zu folgendem Spruch geführt: „Wenn der Bettlmann aufs Ross kommt, is er nimma zum Dareitn!" – Wenn man sich heute umschaut in der Gesellschaft, so kommt man zu der Erkenntnis, dass der Spruch nichts von seiner Gültigkeit verloren hat.

Neben den bereits geschilderten Zuständen kamen noch Missstände in der Kirche. Ein Beispiel dafür war der Ablasshandel. Die Pfarrer sagten zum Beispiel, dass man sich das

Himmelreich, also ein Weiterleben nach dem Tode, durch Geldspenden erkaufen könne. Mit dem Geld, das dadurch hereinkam, lebten manche Priester, Kardinäle und Bischöfe in Saus und Braus. Der Lebenswandel der christlichen Obrigkeit unterschied sich mancherorts kaum von jenem der weltlichen Herrscher.

Dagegen trat Martin Luther auf. Er fand viele Anhänger, vor allem auch unter den Bauern. Seine Kritik wurde jedoch von der Kirchenleitung nicht gehört. So kam es zur Reformation, zum Protestantismus, zur Abspaltung seiner Anhänger von der katholischen Kirche.

Die soziale Lage der Bauern änderte sich jedoch kaum. Als sie soviel an die Herrschaft in den Klöstern und auf den Burgen abliefern mussten, dass ihnen selber zum Leben kaum noch etwas blieb, wuchs ihr Unmut. Dieser wurde noch genährt, als ihnen die Religion vorgeschrieben wurde. War ihr Fürst katholisch, hatten sie Katholiken zu sein. War er protestantisch (evangelisch), hatten sie Protestanten zu sein.

Als im Hausruckviertel ein katholischer Geistlicher eingesetzt wurde, lehnten sich die Bauern, die protestantisch waren, dagegen auf. Der Vertreter des Landesherrn, Adam Graf von Herberstorff, ließ 36 Räte und Dorfvorsteher um ihr Leben würfeln (Frankenburger Würfelspiel am 14. Mai 1626). Siebzehn wurden gehenkt.

Nun begann ein Aufstand, der sich über das ganze Land ausbreitete. Aufständische Bauern aus dem Mühlviertel, vor allem aus Lembach, Neufelden und Rohrbach, waren von Anfang an dabei. Freistadt wurde belagert. Kundschafter und Boten schlichen von Dorf zu Dorf, von Hof zu Hof. Sensen klirrten, Äxte und Spieße blinkten im Mondlicht, Feuerzeichen auf den Bergen erhellten die Nacht.

Mit Bibelsprüchen und Liedern machten sich die Bauern Mut. Sie waren überzeugt, für eine gerechte Sache zu kämpfen. Die Sprüche auf ihren Fahnen bezeugen diesen Kampfgeist:

Vom Bayrischen Joch und Tyranney
und seiner großen Schinderey
mach unnß o lieber Herrgott frey

Weilß gilt die Seel und auch das Guet,
so gilts auch unßer leib und Bluet.
Gott geb unnß einen hölten mueth.

Es mueß sein.

Anfangs waren die Bauern sehr erfolgreich und konnten mit ihren Anführern Stefan Fadinger und Christoph Zeller weite Teile des Landes erobern. Auch zahlreiche Bürger unter der Führung der Marktrichter sympathisierten mit den Bauern, so auch in Gallneukirchen.
Am 29. Mai lagerte Christoph Zeller mit 7.000 Bauern in Mauthausen. Ein Teil der Truppe marschierte nach Gallneukirchen und Riedegg, um sich dort mit Waffen, Munition und Vorräten zu versorgen. Die Herrschaft Riedegg hatte zwar vor dem Herannahen der Bauern an die Marktbürger Waffen verteilen lassen, aber die Bürger wollten keinen Widerstand leisten. Sie übergaben die Waffen den Bauern.
Auch in der Burg Reichenstein versorgten sich die Aufständischen; unter ihnen war auch der Klambauer von Breitenbruck. Sie trieben vier Ochsen mit sich und transportierten Wein, Mehl und Weizen mit 4 Pferden ins Bauernlager nach Urfahr. Die zu den Sammelplätzen eilenden Bauern hatten nämlich Proviant für acht Tage mitzubringen. Wenn dieser

aufgebraucht war, mussten sie wieder neuen von ihren Höfen holen.

Im Juni standen 12.000 Mühlviertler Bauern, viele aus dem Machland, in Urfahr zum Angriff auf Linz bereit. Als jedoch ihre Anführer Stefan Fadinger und Christoph Zeller an ihren Schussverletzungen starben, kaiserliche Truppen von Niederösterreich und Böhmen anrückten, gaben die Bauern die Belagerung von Linz auf. Bald verloren sie ihre wichtigsten Stützpunkte, nämlich Wels, Steyr und Freistadt. In den Schlachten bei Eferding und bei Pinsdorf wurde ihre Widerstandskraft gebrochen. Das Ende des Aufstandes war grausam. Mindestens 12.000 Bauern waren in den Schlachten gefallen oder ohne Gerichtsverfahren hingerichtet worden. Viele standen nun vor der qualvollen Entscheidung: entweder katholisch werden oder auswandern.

Noch heute erinnern Aussprüche und Redewendungen an diese Zeit, so die Schimpfnamen „Fronbüttel" und „Pfaffenknecht". Sie galten jenen Männern, die auf der Seite der Obrigkeit standen. Die Redewendung „ich werde dich schon noch katholisch machen" (= ich werde dir meine Meinung schon noch aufzwingen, ich werde dich schon noch gefügig machen) stammt ebenfalls aus der Zeit der Bauernkriege und Gegenreformation. Vor der Gegenreformation war ja ganz Oberösterreich protestantisch.

Der Laimbauer

Die Rache der Obrigkeit sollte ein für allemal abschreckend wirken.
Trotzdem gab es immer wieder Rebellen und religiös motivierte Anführer, von denen sich das Volk eine Rettung aus der Bedrängnis versprach. Kaum ein Jahrzehnt nach der Niederschlagung des Aufstands trat im Mühlviertel ein Prediger auf. Er hieß Martin Aichinger, stammte aus Luftenberg und wurde „der Laimbauer" genannt.
Er zog von Ort zu Ort und begann Anhänger um sich zu scharen. Unter Trommelschlag folgten sie ihm. Am 25. April 1635 zog der Laimbauer das erste Mal durch Gallneukirchen nach Gusen. Zwei Tage später war er schon wieder mit seinen Anhängern in einem Wald bei Gallneukirchen. Es wurde ge-

sungen, gebetet und gepredigt. Das genügte, um bei der Obrigkeit Verdacht zu erregen. Kaspar von Starhemberg in Riedegg ließ die Stärke der Versammelten feststellen. Er berichtete dem Landeshauptmann in Linz, dass Laimbauers Anhang 300 bis 400 Personen umfasse. Die meisten seien Frauen und Kinder. Nur 60 Männer, mit Büchsen bewaffnet, seien gesichtet worden.

Daraufhin schickte der Landeshauptmann Graf Kuefstein einen Richter nach Gusen. Die Anhänger des Laimbauer und er selbst wurden aufgefordert, dort ihre Beschwerden vorzubringen. Als der Richter eine Anordnung verlesen wollte, kam es zuerst zu einem heftigen Wortwechsel, dann sogar zu Handgreiflichkeiten. Auf Seite der Obrigkeit wurden mehrere Personen verletzt, von den Bauern kamen zwei ums Leben. Sowohl von Riedegg als auch von Linz rückten bewaffnete Abteilungen heran, um die Ruhe wieder herzustellen. Tags darauf wurden mehrere Anhänger Laimbauers gefangen genommen. Er selbst konnte nach Böhmen entkommen.

Die Gefangengenommenen wurden des Aufruhrs beschuldigt. Die Strafe bestand teils aus körperlicher Züchtigung, teils aus Kerkerhaft; einige mussten auch Geldstrafe entrichten.

Im Jahr 1636 predigte der Laimbauer wieder in der Riedmark. Er forderte die Bevölkerung auf, für die Wiedereinführung des Protestantismus zu kämpfen. Das Land Ob der Enns, so auch das Mühlviertel, war nämlich durch die so genannte Gegenreformation wieder katholisch geworden.

In den Frühlingsmonaten zog Laimbauer mit seinen Anhängern zwischen Luftenberg, Steyregg, Gallneukirchen und Neumarkt hin und her. Seine Anhänger umfassten manchmal bis zu 1000 Personen. Einmal rekrutierte die Obrigkeit Bauern aus den Pfarren Gallneukirchen und Pregarten. Diese

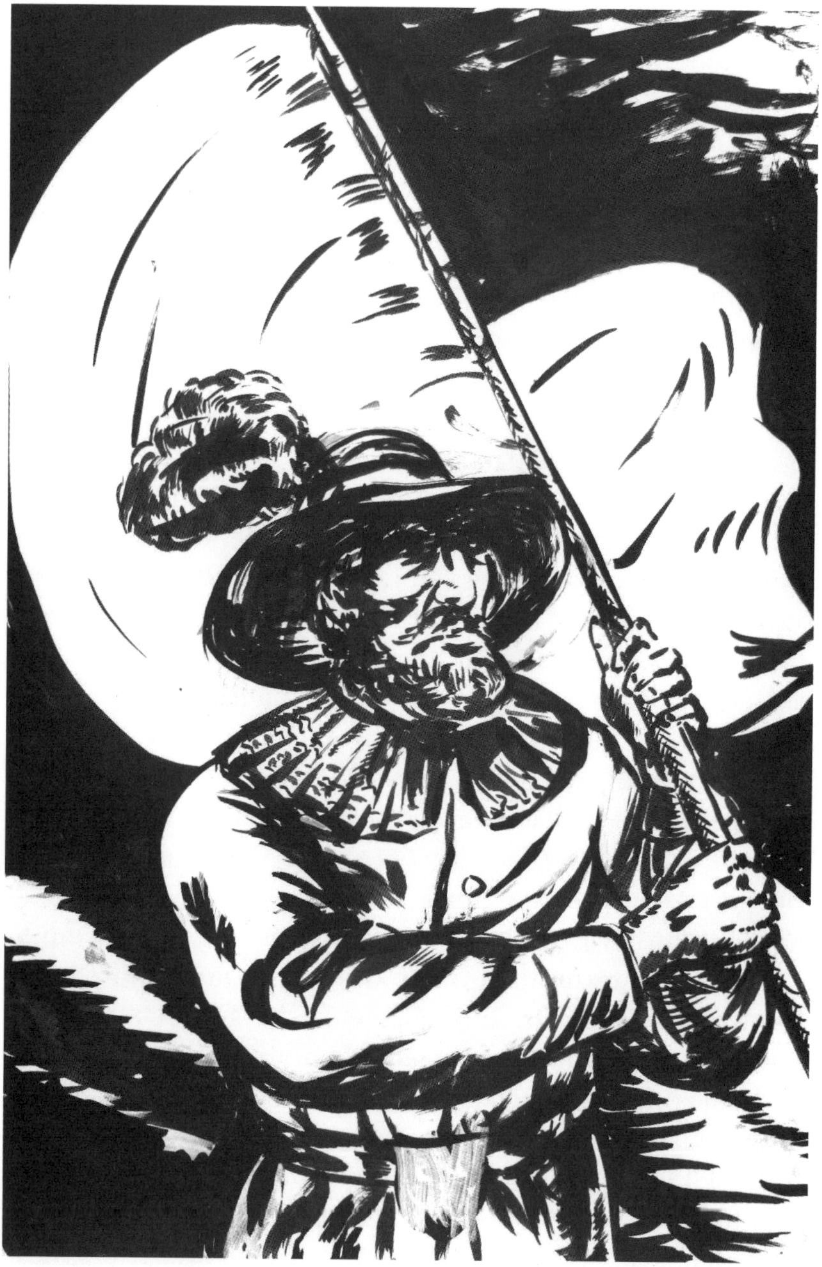

sollten gegen den Laimbauer und seine Anhänger, die ja ebenfalls Bauern waren, kämpfen. Er lagerte gerade auf einem Hügel, als er angegriffen wurde. Es gab Tote und Verwundete. Nach einiger Zeit warfen die Bauern, die den Laimbauer und seine Anhänger besiegen sollten, die Waffen weg und liefen davon. Nun zog der Laimbauer triumphierend durch Neumarkt und danach durch das Gusental hinunter bis nach Luftenberg. Am 7. Mai 1636 berichteten die Untertanen Paul Lasch und Schöberl in Niederthal dem Richter von Pregarten, „dass schon um 6 Uhr früh der Laimbauer mit 40 bis 50 Personen bei ihnen durchgezogen sei und von jedem Haus eine Person zum Mitgehen begehrt habe, dem aber nicht Folge geleistet wurde." Einen Tag später gibt es einen Bericht des Pflegers von Breitenbruck, Josef Weinberger: Der Laimbauer sei mit seinen Anhängern zwischen dem Schloss Bodendorf und zwei Höfen des Klosters Pulgarn (Reiserbauer und Aigner in Bodendorf) Richtung Standorf durchgezogen. Am 10. Mai marschierte er mit seinen Anhängern in folgender Weise an Steyregg vorbei: An der Spitze des Zuges ging ein schwarz gekleideter Bauer. Er trug ein blitzendes Schwert vor sich her. Dann kamen etwa 40 kräftige Burschen, teils mit Gewehren, teils mit Prügeln bewaffnet. Hierauf folgten Trommler und Pfeifer, dann ein Mann mit einer weißen Fahne. Hinter dieser schritt der Laimbauer einher. Er war grün gekleidet und trug einen breiten weißen Hut, der mit einer weißen und einer roten Feder geschmückt war. Dann folgte des Laimbauern Frau, von der er einmal behauptete, sie sei ihm von einem Engel angetraut worden. Dann kamen nochmals Musikanten und viele Reihen seiner Anhänger.

In der Zwischenzeit stellte die Obrigkeit wieder ein Heer zusammen. Auch die Herrschaft Riedegg stellte 60, Breitenbruck 20 Mann zur Verfügung! Alle zu den Waffen Gerufenen oder Gezwungenen wurden in Riedegg mit Waffen, Munition und Proviant ausgerüstet. An die Spitze der Mannschaften stellte sich Kaspar von Starhemberg. Bestens ausgerüstet zogen sie am Pfingstmontag, den 12. Mai 1636, dem Laimbauer entgegen. Der hatte sich inzwischen mit dem harten Kern seiner Anhänger auf den Frankenberg bei St. Georgen zurückgezogen. Dort standen eine Kirche und mehrere Häuser.

Der ungleiche Kampf begann. Auf ein Wunder hoffend, wehrten sich die Laimbauerischen verzweifelt. Als Kaspar von Starhemberg leicht verwundet wurde, und sein Sekretär von einer Kugel getroffen neben ihm niedersank, schien der Ausgang des Kampfes plötzlich nicht mehr so sicher.

Da ließ der Landeshauptmann, der ebenfalls angerückt war, die Häuser anzünden. Der Rauch und das Feuer ließ die Leute des Laimbauern in die Kirche flüchten. Diese verteidigten sich nun wie in einer Burg. Durch das Gewehrfeuer mussten sich die Angreifer immer wieder zurückziehen. Nun setzten diese auch die Kirche in Brand. Die Lage der Verteidiger war verzweifelt und die Wut der Angreifer groß. Ein entsetzliches Morden begann. Schreie und Waffengeklirr erfüllten das brennende Gotteshaus. Viele liefen ins Freie und wurden dort niedergestochen, niedergeschossen und niedergehauen. Der verwundete

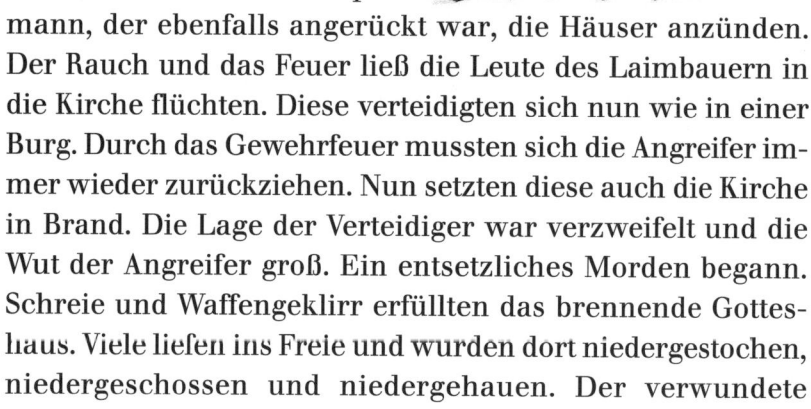

Laimbauer und seine Frau wurden gefangen genommen. Fast alle seine Anhänger wurden niedergemetzelt. Darunter befanden sich auch viele Kinder und Frauen. Nur wenige wurden gefangen genommen.
Heute erinnern nur noch ein paar Ruinen und eine Gedenktafel an dieses Ereignis.
Auf dem Porträt des Kaspar von Starhemberg im Fürstlich-Starhembergischen Familienmuseum in Eferding ist zu lesen: „Ein frommer und rödlicher (redlicher) Herr so von jedermaniglich geliebt wurde"!

Der Laimbauer wurde am 20. Juni 1636 als erster auf der großen Tribüne mit verhülltem Gesicht zum Schafott geführt. Der Henker zwickte ihn mit einem Paar glühender Zangen auf beiden Seiten in die Brust. Dann heftete man seine rechte Hand auf einen Block und trennte sie mit einem Streich ab. Danach schlug ihm der Henker den Kopf ab. Ein Henkersknecht ergriff das wegkollernde Haupt und schrie ihm „Jesus, Jesus!" in die Ohren. Dann folgten der Reihe nach die weiteren Verurteilten. Sogar der vierjährige Sohn des Laimbauern wurde enthauptet und geviertailt. Die übrigen Gefangenen, meist Frauen und Jugendliche, mussten dabei zusehen. Nur der Frau des Laimbauern, die von besonderer Schönheit gewesen sein soll, war die Flucht gelungen. Ihr hatte ein Kerkermeister zur Flucht verholfen.
Schließlich wurden noch zwei Gefangene zu Fuß nach St. Georgen getrieben. Dort wurden sie neben der Leiche eines schon im Jahre 1635 aufgehängten Priesters, der zu den Bauern geholfen hatte, zum Kirchturm hinausgehängt.
Andere Anhänger des Laimbauern wurden in Freistadt und an anderen Orten der Riedmark mit dem Schwert hingerichtet.

Einen Schwerverwundeten, der unter den Leichen in der Kirche gefunden wurde, ließ der Landeshauptmann gleich am Frankenberg im Turm der ausgebrannten Kirche aufhängen.

Mit solchen Grausamkeiten wurde die Bevölkerung damals eingeschüchtert. Kein Wunder, dass sich die Bauern und Untertanen nie wieder trauten, gegen die Obrigkeit zu rebellieren. Die Adeligen und die Herrschaften in den Klöstern verfügten über eine Macht, die man sich heute gar nicht mehr vorstellen kann.

Wer das Erzählte nicht glaubt, kann sich im Linzer Schlossmuseum erkundigen. Dort wird die blutgetränkte weiße Fahne des Laimbauern aufbewahrt.

Der Bauernrebell Kalchgruber – 200 Jahre später ...

Sein Wirken und sein Leben als Verfolgter

Einerseits hatte die Zeit Napoleons viel Leid und Zerstörung zur Folge. Andererseits brachten die Franzosen neue Ideen. Die Losungen der Französischen Revolution – „Freiheit, Gleichheit, Brüderlichkeit!" – wurden durch sie verbreitet. Gleiches Recht für alle, ganz gleich was man war und wie viel Besitz man hatte, wurde diskutiert. Das Königtum war abgeschafft und an seiner Stelle die Republik ausgerufen worden. Regieren sollte eine Versammlung von gewählten Abgeordneten; die Adeligen sollten keine Vergünstigungen (Privilegien) mehr genießen.

Einerseits wollten die Franzosen den von ihren Herrschern

unterdrückten Völkern Europas die Freiheit bringen, andererseits brachten sie durch ihren Eroberungsdrang die Länder Europas gegen sich auf. Indem sich Napoleon selber zum Kaiser krönte, verriet er die Prinzipien der Französischen Revolution. Schließlich verbündete sich ganz Europa gegen ihn. In der Völkerschlacht bei Leipzig wurde Napoleon besiegt. Nach der Niederlage Napoleons versuchten die siegreichen Fürsten wieder das System der alten Knechtschaft einzuführen, so wie es vor der französischen Revolution üblich gewesen war.

Im 19. Jahrhundert lebte im Mühlviertel eine Person, die sich für Gerechtigkeit einsetzte. Er tat dies nicht mit einer Waffe in der Hand, sondern mit Feder, Tinte und Papier. Trotzdem wurde er verfolgt. Er hieß Michael Huemer und wurde „Bauernadvokat" oder „der Kalchgruber" genannt. Kalchgruber war nämlich der Hofname, in Elmberg Nr. 3 (später Nr. 7) bei Dornach.
Er wurde am 17. August 1777 auf dem genannten Hof geboren und in der Pfarrkirche Gallneukirchen auf den Namen Johann Michael getauft.
Nach dem Tod seines Vaters übernahm er am 21. Juni 1805 den Bauernhof. Zwei Jahre später heiratete er die 25 Jahre alte Katharina Hamer.
Michl Kalchgruber stand bei seinen Standeskollegen bald in hohem Ansehen. Er war des Schreibens kundig, was damals noch nicht selbstverständlich war. Als Gemeinderichter von Katzgraben setzte er sich für seine Bauern ein. Dadurch wurde er bei ihnen sehr beliebt. Durch das Abfassen von Gesuchen und Einsprüchen erwies er ihnen gute Dienste.
Im Jahre 1817 reichte er sogar bei der Landesregierung eine Beschwerde ein. In dieser beschuldigte er die Behörden „des

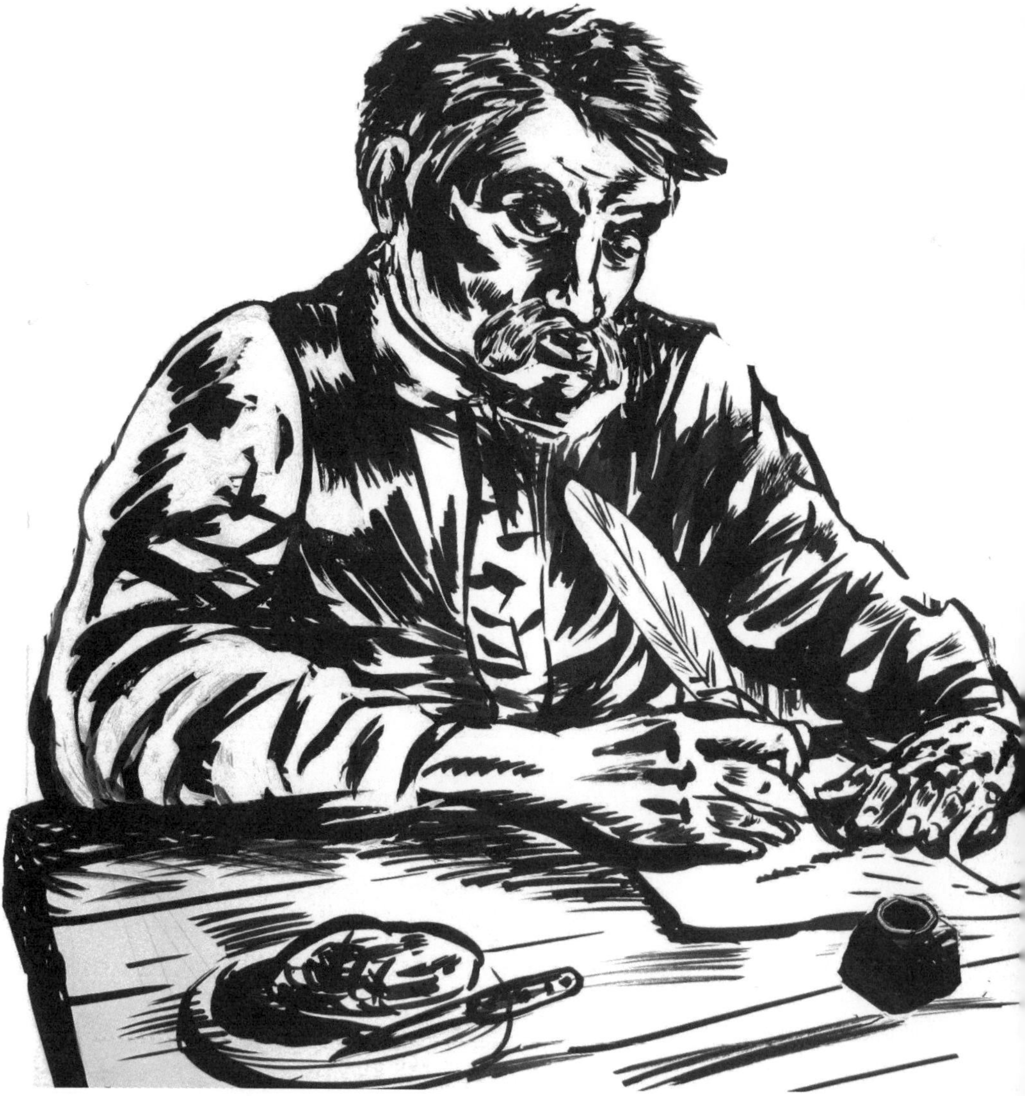

Drückens und des gesetzwidrigen Benehmens gegen die Untertanen". Kalchgruber wurde zu einem Gerechtigkeitsfanatiker und erlangte den Ruf, ein Anführer der Unzufriedenen zu sein.

Die Herrschaft rächte sich auf ihre Art. Sie schrieben ihm als Bauern immer höhere Abgaben vor. Er empfand dies als ungerecht und weigerte sich, die Zahlungen zu leisten. Daraufhin wurde er verhaftet und einige Wochen eingesperrt. Wegen dringender Feldarbeiten gewährte man ihm Haftunterbrechung. Von diesem „Arbeitsurlaub" ist der tapfere Kalchgruber nicht mehr in den Arrest zurückgekehrt. Er tauchte unter und blieb für die Beamten und Häscher der Herrschaft verschwunden.

Am 16. März 1824 entzog man ihm und seiner Familie sogar das Recht, das Kalchgrubergut zu bewirtschaften. Er wurde als Bauer einfach abgesetzt und entlassen. Der Hof wurde versteigert. Die Kalchgruberin und die Tochter hatten bei Verwandten Zuflucht gefunden. Die Tochter arbeitete später auf einer Mühle, die zur Pfarre Neumarkt gehörte. Von dort holte sie der Bauer Michl Gstöttenbauer als seine Bäuerin auf das Kellerergut in Oberweitersdorf. Die jungen Eheleute nahmen auch die alte Kalchgruberin zu sich. Nun waren zumindest Mutter und Tochter wieder auf einem Hof vereint.

Der Kalchgruber jedoch war heimatlos geworden. Bald kannte er im ganzen Mühlviertel Bauernhöfe, wo er sich verstecken konnte. Nach wie vor schrieb er für seine Bauern Gesuche und Beschwerden. Da die Obrigkeit endlich Ruhe von ihm haben wollte, wurde sogar eine Belohnung von 1000 Gulden auf seine Ergreifung ausgesetzt. Die Bevölkerung hielt jedoch zu ihm. Es fand sich kein einziger, der ihn, den Freund und Anwalt der Bauern, verraten hätte. Immer wurde er rechtzeitig gewarnt, wenn ihm Gendarmen oder Soldaten auf der Spur waren.

In einigen Bauernhäusern hatte man für ihn sogar eigene Verstecke eingerichtet, in denen er rasch verschwinden konnte, wenn Gefahr drohte. Besonders häufig hat er sich in der Ortschaft Wögern, Gemeinde Unterweitersdorf, aufgehalten. Und zwar im Bauernhaus Stütz, zu dem damals auch die Weiglmühle gehörte. Im Keller gab es eine Höhle, in der sich der Kalchgruber verstecken konnte. Die beiden Häuser waren durch einen unterirdischen Gang miteinander verbunden.

Sein rasches Verschwinden in der folgenden Geschichte lässt sich nur dadurch erklären.

Hausdurchsuchung in der Weiglmühle

Eines Tages machte sich wieder ein Hilfe suchender Bauer auf den Weg, um den Kalchgruber zu treffen. Es war der Schützenbauer. Sein Hof gehörte ebenfalls zur Herrschaft Riedegg. Die Uhr am Kirchturm in Gallneukirchen hatte bereits die zehnte Stunde verkündet, als der Schützenbauer die Weiglmühle erreichte. Der Haushund bellte. Kurz darauf kam der Weiglmüller mit der Laterne zum Tor.

„Wer ist da?"

„Ich bin's, der Schützenbauer!"

„Grüß Gott! Kommt nur herein in die Stube."

Der Hund hatte zu bellen aufgehört und wich zur Seite.

„Lieber Schützenbauer, was führt euch denn zu mir?"
„Ich hab Verdruss mit der Obrigkeit. Sie hat meinen Cousin zum Militärdienst eingezogen. Ich fürchte um sein Leben und will mich beschweren. Wo ist der Kalchgruber?"
„Nur langsam. Hat dich auch niemand gesehen auf deinem Weg zu uns?"
„Nicht, dass ich wüsste!"
„Handschlag drauf!"
Sie reichten sich die rechten Hände und schüttelten sie.
„Schützenbauer, du musst dich ein wenig gedulden. Du wirst wohl die Nacht bei uns verbringen müssen."
„Du meinst …"
Der Weiglmüller fiel ihm ins Wort: „Vielleicht weht heute ein günstiger Wind und du hast noch heute Gelegenheit …"
Nun unterbrach ihn aufgeregt der Schützenbauer: „Ich werde ihn heute noch …?"
„Ja", entgegnete trocken der Weiglmüller.
Der Weiglmüller verließ die Stube und kam mit einem Krug voll Most zurück.
Kaum hatten sie am Tisch Platz genommen, hörten sie das Geräusch nahender Schritte.
„Der Hund schlägt nicht an. Er ist's"
Der Weiglmüller öffnete die Stubentür, um etwas Licht von der Laterne ins Vorhaus fallen zu lassen.
Tatsächlich. Ein schlanker Mann mit spitzer Nase, mit einem groben Mantel bekleidet, trat ein. Er hinkte. Es gab keine Zweifel. Nun war er da, der Kalchgruber. Der Schützenbauer saß wie erstarrt. Sein Maul stand weit offen, obwohl er den Mostkrug längst wieder abgesetzt hatte.
Als der Schützenbauer die Sprache wieder gefunden hatte, sagte er stockend: „I bin z'wegen euch da. Ich tät bitten um eine Schrift für meinen Cousin."

„Die hab' ich noch keinem verweigert. Worum geht's?"
Der Schützenbauer erklärte ihm sein Anliegen. Der Kalchgruber sagte, er werde das Gesuch nicht nach Linz, sondern gleich nach Wien zum Kaiser schicken. Er sagte auch noch zum Schützenbauer, dass er sich im Klaren sein müsse, dass er nun ebenfalls Schwierigkeiten bekommen könne. Mit ihm, dem Kalchgruber zu verkehren, sei verboten.
„Alles klar? – Sind die Fensterläden verschlossen?"
Der Weiglmüller nickte.
„Dann gehen wir an die Arbeit!"

In diesem Moment schlug der Hund an.
„Verdammt, eine Streife!", rief der Kalchgruber und blies das Licht aus.
Der Weiglmüller flüsterte dem Schützenbauer etwas ins Ohr. Daraufhin legte sich der Schützenbauer ins Bett, das für Gäste in der Stube bereitstand. Er bedeckte sich mit dem Mantel, den der Kalchgruber zurückgelassen hatte.
Der Weiglmüller ging in den Hof und tat so, als wäre er eben geweckt worden.
In der Dunkelheit sah er einige Lichter tanzen.
„Wer ist da und weckt mich zu so später Stunde?"
„Das Gesetz!", bekam er von einem Mann, den er als Amtsschreiber erkannte, zur Antwort. „Wir werden euren Hof durchsuchen!"
„Ja um Himmels Willen! Wieso denn!?"
„Verstellt euch nur. Aber heute entkommt er uns nicht, der Hof ist umstellt!"
Der Weiglmüller schwieg und trat zur Seite. Hinter dem Amtsschreiber trat der Gerichtsdiener ins Vorhaus. Sie trugen große Laternen, die einige Meter weit leuchteten. Ihnen folgten Uniformierte; sie trugen Gewehre mit aufgepflanzten Bajonetten.

Drei Soldaten drangen in den Hausstock ein, die anderen drei durchsuchten die Stallungen und den Heuboden. Die anderen sechs der 12 Mann starken Streife hatten den Hof umstellt.
In der Stube war der Zugedeckte bald gefunden: „Aufstehen und Hände hoch!", donnerte der Amtsschreiber.
Der Schützenbauer spielte den zu Unrecht geweckten. Er fragte, was es denn um diese Zeit gebe. Auf sein Fragen und Raunzen ging jedoch niemand ein. Stattdessen kam eine barsch gestellte Frage:
„Wer seid ihr?"
„Der Schützenbauer."
„Lüge!"
„Wenn Sie es besser wissen, warum fragen Sie mich dann?"
„Wir werden ihnen ihr freches Maul schon noch stopfen!"
Der Schreiber wandte sich nun an den Gerichtsdiener. Dieser hatte nämlich den Kalchguber am Tag zuvor kurz zu Gesicht bekommen. Ihm war der eigenartige Mantel aufgefallen, und dass der Gesuchte hinkte.
Nun wurde der Schützenbauer aufgefordert, den Mantel anzuziehen und in der Stube auf und ab zugehen.
Der Gerichtsdiener verzog das Gesicht und kratzte sich hinter den Ohren.
Der Mantel war dem Schützenbauern zu klein und außerdem ging er ohne zu hinken.
„Der Mantel ist wohl nicht der Ihre. Er ist zu kurz."
„Mir ist der Mantel lang genug. Wenn er euch zu kurz vorkommt, so geht mich das nichts an."
Die Bauern lachten.
Nun kehrten die drei Soldaten zurück, die die Stallungen und den Heuboden durchsucht hatten. Sie hatten nichts entdeckt. Nun stiegen sie hinauf in die obere Stube. Sie stießen auf eine versperrte Tür.

„Wo ist der Schlüssel?"
„Den hat meine Frau!"
Plötzlich drang von oben herab ein Schreien und Zetern.
Die Stimme gehörte der Weiglmüllerin.
Im Nachthemd musste sie in die Stube hinunter. Sie schimpfte und drohte: „Den Schlüssel bekommt ihr nicht. Wehe es greift mich jemand an. Dem spuck ich ins Gesicht!"
Das gesuchte Objekt trug sie nämlich an einem Band unterm Nachthemd.
Nun näherte sich ihr der Gerichtsdiener.
„Spitzbub!", rief sie und spie ihn an.
Daraufhin begann ein Uniformierter vor ihren Augen mit dem Gewehr und dem aufgepflanzten Bajonett herumzufuchteln. Die Weiglmüllerin glaubte, angegriffen zu werden. Sie hob erschrocken die Hände. Dabei ritzte die Spitze des Bajonetts über ihre linke Hand. Nun begann sie zu schreien, so dass alle in der Stube zusammenliefen: „Hilfe! Mörder, man hat mich gestochen!"
Der Uniformierte, ebenfalls wütend, rief: „Du Bissgurn du … du Schlange! Anzünden sollte man das Nest!"
Das war Wasser auf die Mühle der Weiglmüllerin: „Habt's es g'hört, sie zünden den Hof an, zu Hilfe! Mordbrenner sind da! Zu Hilfe!"

Durch den Krawall waren auch die Dirn und der Knecht aufgewacht und kamen in die Stube gestürzt. Sie begannen nun ebenfalls, zusammen mit dem Schützenbauer und dem Weiglmüller zu schreien: „Zu Hilfe! Mörder, sie wollen den Hof anzünden!" Dazu bellte der Hund. Das ergab einen Höllenlärm; sogar das Vieh im Stall war unruhig geworden. Ketten klirrten und die Hufe der Pferde stampften auf die Steinplatten, dass sie nur so dröhnten.

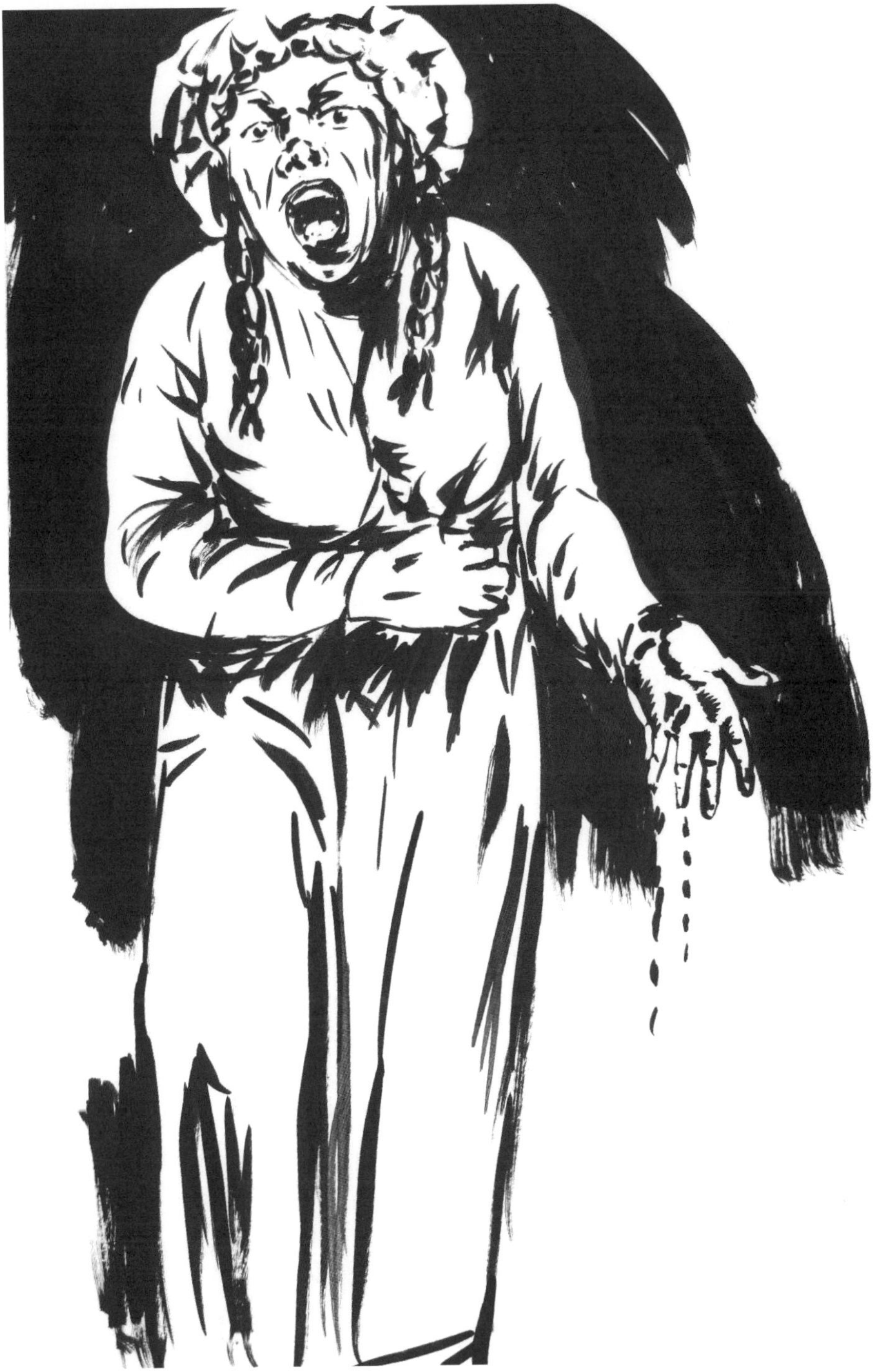

Das war der Streife zuviel. Sie war ratlos. Der Amtsschreiber war so verwirrt, dass er, als er dem Hund auswich, über einen Sessel stürzte. Er kam genau vor der Hände ringenden und aus der Handwunde blutenden Weiglmüllerin zu liegen. Das war zuviel an Demütigung. Bestrebt, dem Geschrei zu entrinnen, eilte er mit seinen Leuten auf und davon.

In den kommenden Tagen erzählte man sich in Wögern, Radingdorf, Unterweitersdorf, Arnberg, Hattmannsdorf, Reitern, Tumbach, Gauschitzberg und Gallneukirchen die abenteuerlichsten Geschichten: Es habe beim Weiglmüller eine Hausdurchsuchung gegeben, wobei Einrichtungsgegenstände ruiniert, andere sogar gestohlen worden seien. Die Streife habe das Haus anzünden und alle Bewohner dabei ermorden wollen. Die Weiglmüllerin sei durch Schläge misshandelt und durch Bajonett- und Degenstiche schwer verwundet worden. In den Ställen habe man totes Vieh gefunden, ja und die Kühe und Ziegen gäben keine Milch mehr, weil man sie verhext habe.
Man kann sich vorstellen, dass solche Aktionen und die daraus entstandenen Geschichten nicht dazu angetan waren, das Verhältnis zur Obrigkeit zu verbessern.

Die Weiglmühle wurde schon im späten Mittelalter erwähnt. Sie war bis 1981 in Betrieb und ist heute ein Mühlenmuseum sowie eine Jausenstation. Nun dreht sich auch wieder ein unterschlächtiges Mühlrad im Mühlbach, es treibt jedoch keine Maschinen mehr an.
Die alte Mechanik der Mühle, vom Getreide schälen bis zum fertigen Mehl, umfasste drei Stockwerke. Viele raffiniert ausgedachte Bewegungsabläufe, angetrieben allein durch die umweltschonende Wasserkraft, haben das begehrte Lebensmittel

erzeugt. Die durch das Mühlrad gewonnene Rundumbewegung trieb Förderbänder an, sowie Walzen, die das Getreide schälten und zerkleinerten. Im sogenannten „Sichter" wurden durch schwingende Bewegungen das Mehl, die Kleie und der Grieß voneinander getrennt. Ein kleines Wunder der Technik – im ruhigen Tal der Kleinen Gusen, unweit des dröhnenden Verkehrs auf der Autobahn!

Sein Ende zu Beginn einer neuen Zeit

Der Kalchgruber konnte, so unglaublich es auch klingen mag, bis zu seinem Tod die ihn suchenden Behörden narren. Das waren immerhin 28 Jahre. Bei manchen Leuten kam sogar die Meinung auf, der Kalchgruber habe die Fähigkeit, sich unsichtbar machen zu können. Darum nannte man ihn auch „den alten Überall und Nirgends". Staunen kann man auch heute noch darüber, dass er als einfacher Bauer aus dem Mühlviertel sich nicht scheute, die Anliegen direkt an den Kaiser heranzutragen. Noch heute trauen sich viele erwachsene Staatsbürger nicht, direkt an die von ihnen gewählten Volksvertreter Vorschläge einzubringen. Oder berechtigte Forderungen zu stellen. Traust du dich, an den Herrn Bundespräsidenten oder an eine Frau Minister einen Brief zu schreiben? – Jeder kann heute in einer Demokratie Bitten oder Beschwerden äußern, ohne dass er verfolgt wird. Die freie Meinungsäußerung und gleiches Recht für alle sind jedoch keine Selbstverständlichkeit. Das einmal Errungene muss auch gelebt, ja von jeder Generation neu erkämpft werden. Persönlichkeiten wie der Kalchgruber waren die Voraussetzung dafür, dass du heute in einer Demokratie leben kannst. Sie haben sich, ohne Rücksicht auf ihr eigenes Wohlergehen, für andere und für den Sieg der Gerechtigkeit eingesetzt.

Kalchgruber erlebte noch im Jahr 1848 die Bauernbefreiung, für die er eingetreten war. Leider war sein geistiger und gesundheitlicher Zustand schon so schlecht, dass er das neue Gesetz nicht mehr verstand. Die Bauern mussten nun keine Abgaben und Arbeitsdienste mehr leisten. Weiters konnten sie von ihrer Herrschaft nicht mehr verkauft, verpfändet oder verschenkt werden.

Am 12. Mai 1849 hat man den tapferen Bauernadvokaten auf dem Alberndorfer Friedhof begraben.

Fast in jeder Gemeinde des Gusentals erinnern heute Straßen und Wege an den unermüdlichen Streiter für Gerechtigkeit.

Die Pferdeeisenbahn

Christas Tante Anna wohnt in Pröselsdorf. Sie ist sehr sportlich und fährt in der wärmeren Hälfte des Jahres mit dem Fahrrad nach Linz zur Arbeit. Derzeit trainiert sie für eine Trekking-Tour durch Nepal. Dabei soll auch ein Sechstausender bestiegen werden. Sie läuft oft stundenlang durchs Gelände, bergauf und bergab. Eine ihrer Lieblingsstrecken führt durchs Tal der Kleinen Gusen. Über Trosselsdorf läuft sie hinunter zum gut erhaltenen Wachthaus Nr. 38 der ehemaligen Pferdeeisenbahn. Solche Wachthäuser dienten dem Personal, das für die Erhaltung der Bahnlinie sorgen musste. Sie wurden im Abstand von zwei bis drei Kilometern errichtet. Auf der Strecke Linz – Budweis lagen 51 Wachthäuser. Große Stationsgebäude gab es zirka alle 21 Kilometer. Hier konnten sich die Züge kreuzen, das heißt aneinander vorbeifahren, weiters dienten die großen Stationen als Auf- und Abladeplätze. Hier wurden auch die Pferde getauscht, denn nach einem halben Tag Arbeit hatten sie eine Pause, Wasser und eine ordentliche Portion Hafer verdient. Das Stationsgebäude von Gallneukirchen in Oberndorf ist noch erhalten. Es ist heute das Gästehaus Waldheimat.

Die Strecke, zu der zwei Pferde mit einem Frachtwagen einen halben Tag benötigten, läuft Anna schön gemütlich in nicht einmal zwei Stunden. Allerdings muss sie keinen Wagen ziehen, der mit Salzfässern aus dem Salzkammergut oder mit böhmischer Steinkohle beladen ist.
Zwischen Lest und Unterweitersdorf ist die Trasse samt Brücken noch sehr gut erhalten. Immerhin ist es schon bald zweihundert Jahre her, dass mit dem Bau begonnen wurde. Flussabwärts laufend kommt Anna auch an einigen Mühlen

vorbei. Bei der Schermühle gibt es eine sagenumwobene Stelle, die „Teufelskirche". Es scheint, dass früher überall der Teufel mit irgendwelchen Steinen lauerte. In diesem Fall war er mit dem Bau der Pferdeeisenbahn nicht einverstanden. Er soll hoch auf dem Felsen gesessen sein und Felsen auf die Bahnlinie geworfen haben. Am Gipfel des Felsens zeigen heute noch ein Abdruck seines Hintern und Spuren seiner Pranken von diesem Einsatz. Dieser Teufel muss einen Hintern gehabt haben wie gröbstes Schmirgelpapier.
Bald danach läuft Anna unter einer Felsinschrift vorbei. Den Text konnte man bis heute nicht ganz entschlüsseln: „von M. Schö, MDCCCXXXI, M. Opp: d. 12. May". Wer römische Ziffern lesen kann, vermag zumindest einen Teil der Inschrift zu entziffern. Die Initialen M. Schö. verweisen jedenfalls auf den Ingenieur Matthias Schönerer; er hat 1832 den Bahnbau, den Gerstner geplant und unter großen Schwierigkeiten begonnen hatte, vollendet.
Der Abschnitt zwischen Bürstenbach und Lest hatte die stärkste Steigung. Daher hat man auch versucht, Bergochsen als Zugtiere einzusetzen. Doch die waren zu langsam, blieben oft stehen und wichen auch von der Trasse ab. Der mit dem Versuch Betraute schrieb einen Bericht darüber:

„… Der Ochs ist nach seiner natürlichen Beschaffenheit wenig gelehrig, auch nicht so empfindlich wie edlere Thiere, daher sein Gang unsicher, unbehülflich und unlenksam, er erschreckt öfters über unbedeutende Gegenstände, vorübergehende Personen, Regenschirme etc., und geht daher öfters aus der Bahn, weshalb besondere Aufmerksamkeit der Knechte nöthig wird."

Wo der Bürstenbach in die Gusen mündet, macht die Trasse einen großen Bogen. Die alte Steinbrücke, die den Bach überquerte, war besonders schön und diente noch lange als Straßenbrücke. Leider wurde sie vom verheerenden Hochwasser im Jahr 2000 weggerissen. Andere Brücken oder Viadukte sind jedoch noch tadellos erhalten. Um eine Trasse mit möglichst gleichmäßiger Steigung zu erzielen, waren natürlich viele Erdarbeiten notwendig. Man grub mit Spaten und Schaufel Schneisen durch die Hügel und baute Brücken aus Steinen und Holzbalken über Gräben und Bäche. So gab es auf der Gesamtstrecke 1066 Brücken und Durchlässe! Kein Wunder, dass die Errichtung der Bahnstrecke sieben Jahre dauerte. Geplant wurde noch viel länger.

In Bürstenbach stand auch eine so genannte Mittelstation. Die Länge des Gebäudes betrug 114 Meter! Es konnte 20 Bahnwagen aufnehmen. 28 Zugpferde wurden ständig für Vorspannleistungen zur Bergfahrt bereitgehalten.

Zum Vorspannen braucht Anna niemand. Auch wenn es steil bergauf geht. Nach der Tiefenbachkehre, wo ein schönes Viadukt steht, verlässt Anna die Trasse der Pferdeeisenbahn. Sie läuft über Oberweitersdorf zurück nach Pröselsdorf. Nun muss sie alle Höhenmeter wieder hinauf, die sie vorher hinuntergelaufen ist. Doch das ist ein gutes Training für den Himalaya, denkt sie. Die Trasse der Pferdeeisenbahn führt hingegen weiter bergab. Über Unterweitersdorf, Hattmannsdorf, Oberndorf geht's hinaus Richtung Linzerberg und Treffling. Beim Kreuzwirt, wo heute die Autobahn durch eine tiefe Bresche in der Landschaft nach Linz führt, kreuzten sich früher die alte Salzstraße, die Prager Bundesstraße und die Pferdebahn. Die Strecke ist bis St. Magdalena als Wanderweg markiert. Wenn man fit ist, kann man in zwei Tagen von Linz über den Kerschbaumer Sattel nach Bujanov/Angern in Tschechien wandern. Von dort ist es nicht mehr weit nach Kaplitz. Vom Bahnhof, der außerhalb der Stadt liegt, kann man mit dem Zug die Heimreise antreten.

Die erste Hälfte des 19. Jahrhunderts war gekennzeichnet durch die Anfänge der industriellen Revolution. Erfindungen wie die Dampfmaschine bedeuteten nicht nur das Aus für die Pferdeeisenbahn. Die Dampfmaschine brachte als neue Antriebsquelle für die Arbeit in den Fabriken eine ungeheure Produktionssteigerung. Menschen vom Land strömten in die Städte und zu den Fabriken. So entstand ein neuer Stand, die Arbeiterklasse (das Industrieproletariat). Der Bau von Eisenbahnlinien, dampfbetriebenen Schiffen, die Erfindung der Schiffsschraube – all das bewirkte tiefgreifende soziale und gesellschaftliche Veränderungen. Das Leben in der Gusentalregion war jedoch von all diesen Veränderungen kaum betroffen.

Wie lebten Menschen vor 100 Jahren?

Neuigkeiten

Kannst du dir vorstellen, dass du Neuigkeiten und politische Veränderungen, die sich außerhalb deiner Heimatgemeinde ereignen, erst Wochen später erfährst? Dass du über das Leben in anderen Ländern und anderen Kontinenten gar nicht oder nur sehr dürftig informiert wirst?
Die meisten Leute, die nicht in den Städten wohnten, erfuhren damals nur wenig über Unfälle, Raubüberfälle, Hungersnöte, Erdbeben oder andere Naturkatastrophen. Sie erfuhren hin und wieder Neuigkeiten von jenen, die lesen konnten. Da kann man sich gut vorstellen, dass aus einer Mücke manchmal ein Elefant geworden ist. Durch das Weglassen oder Hinzufügen von Informationen veränderten sich oft die Nachrichten, wenn sie weitererzählt wurden. So kamen damals auch viele Gerüchte in Umlauf.
In einem Gasthaus in Gallneukirchen las die Wirtin jeden Sonntag aus der Zeitung vor. Nach der Messe gingen die Bauern ein Bier trinken, dabei wurden ihnen die neuesten Nachrichten vorgelesen. Einmal in der Woche.
Vielfach wurden der Bevölkerung auch jene Informationen bewusst verschwiegen, die sie zur Verbesserung ihrer Lage hätten nützen können.
Nach dem Kirchgang „Einkehren", das heißt ins Gasthaus gehen, durften allerdings nur die Männer. Frauen, Kinder, Mägde und sogar Knechte machten sich auf den Heimweg, um die Tiere zu versorgen und das Mittagessen zuzubereiten.

Oben und Unten

Nun, wie war das Leben sonst am Ende der österreichisch-ungarischen Monarchie, kurz vor Beginn des 1. Weltkriegs? Der ehemalige Gemeindearzt von Gallneukirchen, Dr. Pokorny, schreibt in seinen Erinnerungen, dass in der Gesellschaft deutlich verschiedene Schichten zu erkennen waren. Hier ein Beispiel aus seinen Aufzeichnungen:

„Der Besitzer eines Hofes will nicht als Herr angesprochen werden, sondern er ist ‚Bauer' und seine Gattin ist die ‚Bäurin'. Der Besitzer eines kleinen Anwesens ist ‚Häusler', und wer keinen Grundbesitz sein eigen nennt, ist einfach ein ‚Mann' oder ein ‚Weib'. Der Junggeselle bleibt ein ‚Bua', die Unvermählte ein ‚ledigs Mensch'. Die Unterscheidung nach dem Besitz geht sogar über den Tod hinaus. Der Vermögende hat ‚a Leich', das heißt ein Leichenbegängnis mit aller Feierlichkeit im halben Vormittag, der Arme wird zeitig früh in aller Stille beerdigt."

Zeitangaben

Auch Zeitangaben nach Kalender und Uhr waren nicht üblich. Zeitmaß war die Arbeit. Man sagte zum Beispiel: „... wie wir den Hafer gesät haben." Damit meinte man eine bestimmte Zeit im Frühling. Die Angabe „... wie wir das Korn heimgeführt haben" galt beispielsweise für einen zeitlichen Abschnitt im Sommer.
Der Tag wurde nicht nach Stunden, sondern ebenfalls nach Arbeit und Arbeitspausen geteilt. Dreimal hieß es „hinterm Füttern" (früh, mittags, abends), zweimal „hinter der Suppen" (früh und abends), einmal „hinterm Essen" (zu Mittag),

zweimal „zur Jausen" und zwischen Nachmittagsjause und Abendbrot hieß es „halber Abend". Das Wort „hinterm" bedeutete soviel wie „während".

Essen und Trinken

Das Essen auf den Bauernhöfen war sehr einfach, zumeist auch wenig abwechslungsreich. Der erste Gang bestand meistens aus einer Suppe. Dazu gab es auch gekochte Erdäpfel. Als Hauptgericht wurde an so genannten Fleischtagen (Donnerstag und Sonntag) Selchfleisch oder ein Bratl serviert. Dazu gab es Kraut, Knödel und/oder Kartoffel. „Strudeltag" war der Freitag, es gab also Apfel- und „Kerschenstrudel". An den übrigen Tagen wurden ebenfalls Mehlspeisen gereicht, wie Knödeln, Kartoffelnudeln, Sterz, Grießschmarrn, Zweckerln, Krapfen usw. Eine einfache „saure Suppn" (dünne Rahmsuppe) gab es in der Frühe oder am Abend. Fleisch wurde früher viel weniger gegessen als heute. Dies widerspricht auch der landläufigen Meinung, dass man, um kräftig zu sein, viel Fleisch essen müsse.
Gegessen wurde meistens aus einer Schüssel oder einer „Rein". Wer am schnellsten war, sicherte sich die größten Stücke.
Getrunken wurde die „Landessäure", Most, der, manchmal mit Wasser verdünnt, in einem Krug immer zur Hand war. Birnbäume hatten damals einen großen Wert, und das Mostpressen im Herbst war ein schönes Ritual. Zehn, zwanzig gefüllte Fässer, dickbäuchig und aus Eichenholz, waren damals keine Seltenheit. Getränke wurden prinzipiell nicht eingekauft. Kinder tranken Wasser, saure Milch, verdünnte Säfte hauseigener Ribisel oder Süßmost. Manch ein Bub hat schon allzu früh aus dem Krug der Erwachsenen getrunken. Danach

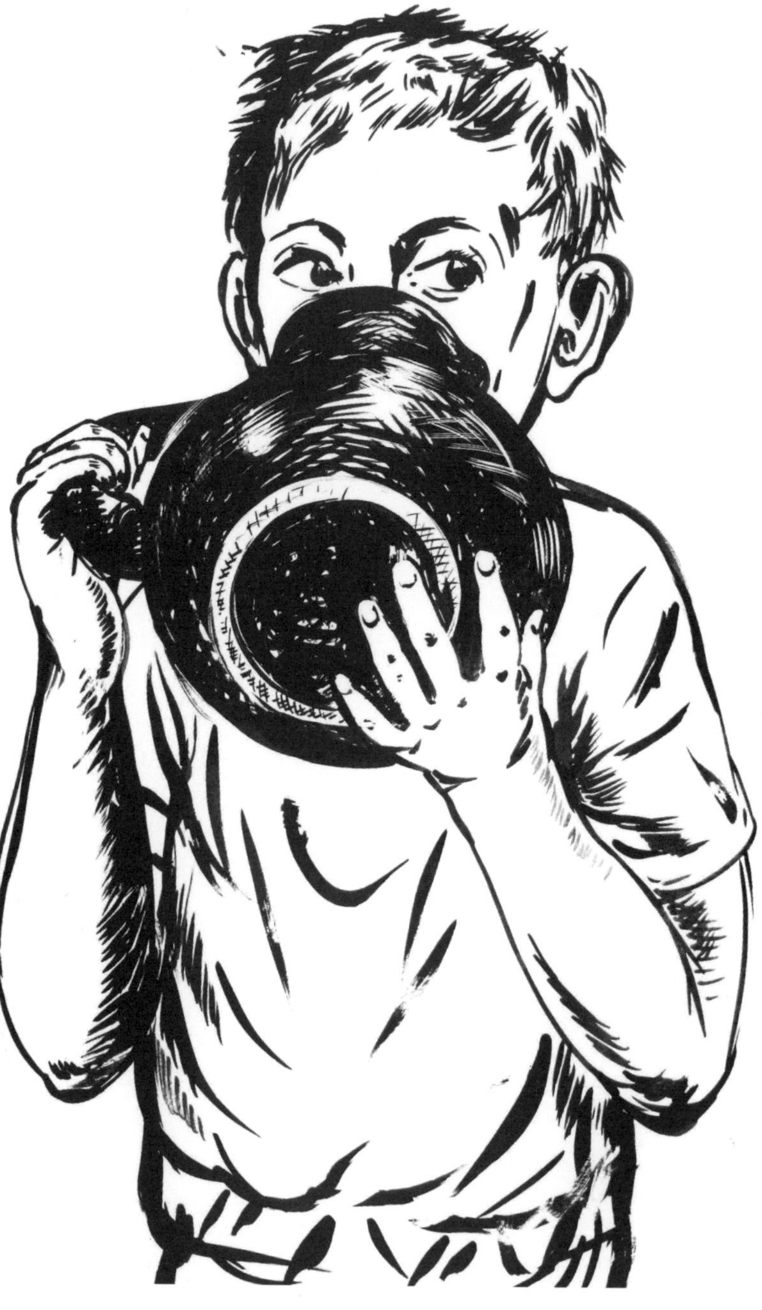

hat ihn meistens Übelkeit befallen, er wurde „kasweiß" (weiß wie Käse) im Gesicht und ist dann wie krank herumgelegen.

Dienstboten

Auf einem Bauernhof arbeiteten Dienstboten. Sie hatten folgende Rangordnung:
Der Großknecht
Der zweite Knecht
Der Rossknecht
Die große Dirn (Magd)
Die zweite Dirn
Die Saudirn
Das Kuchlmensch (ein Mädchen, das in der Küche arbeitet)
Der Großknecht hatte meistens die Militärdienstzeit schon hinter sich, die Großdirn war über zwanzig Jahre, alle übrigen meist unter 20 Jahre alt.
Zu Maria Lichtmess (2. Februar) gab es den Jahreslohn und eine Woche Urlaub. Die Lichtmesswoche nannte man auch Schlenkerwoche. Darauf freuten sich die Dienstboten ein ganzes Jahr. Endlich hatten sie ein wenig Freizeit. Gearbeitet werden musste nur das Notwendigste: Futter schneiden, Tiere füttern und ausmisten. Um diese Zeit wurde auch entschieden, ob man noch ein weiteres Jahr „einstehen", also am Hof bleiben wollte, oder ob man einem anderen Bauern seine Dienste anbot.
Wenn der Dienstbote den Posten wechselte, wurde er vom nächsten Arbeitgeber mit Pferdegespann und Leiterwagen (wenn Schnee lag, mit einem Schlitten) abgeholt. Seine Habseligkeiten passten meistens in eine Truhe oder einen Kasten.

Mit dem Strohsack zwischen den Rüben

In alten Bauernhäusern kann man noch heute die alte Aufteilung der Räume sehen. Das Vorhaus trennte meistens die Stube von einem ebenerdigen Keller. In ihm wurden beispielsweise Kartoffeln und Rüben aufbewahrt. An der Fensterseite standen meistens die Betten der Töchter und „Dirnen" (Mägde). Der Boden bestand aus gestampftem Lehm und niemand fand etwas daran, wenn man im Stall neben den Tieren schlafen musste. Dort war es wenigstens warm. Gesund allerdings waren diese Schlafstellen nicht.
Wer ein eigenes Bett hatte, konnte schon zufrieden sein. Geschlafen wurde, wie seit Jahrhunderten, auf einem Strohsack. Er bestand aus einem Jutegewebe und sah aus wie ein etwas größerer Kartoffelsack. Durch eine schmale Öffnung konnte man am Morgen oder vor dem Schlafengehen das Stroh auflockern. Gefüllt war der Sack mit Haferstroh. Starb der Benützer, die Benützerin, wurde das Bettstroh auf der nächst besten Wegkreuzung verbrannt. Damit übergab man alle Krankheiten und bösen Geister dem Feuer.

Das Dorfleben

Früher übertraf die Zahl der in der Landwirtschaft beschäftigten Menschen die aller anderen Berufe. Bis hinein ins 20. Jahrhundert waren die meisten Europäer Bauern und Landbewohner. Heute sind die Bauern sogar in den Dörfern eine Minderheit. Das Leben am Land hatte also noch vor 50 Jahren einen ganz anderen Charakter.
Das Leben im Dorf war von der Dorfgemeinschaft geprägt. Es gab kaum Vereine oder Organisationen. Nachbarschaftshilfe

funktionierte meistens ohne Vereinsstatut. Auch die Verwandten hatten untereinander viel mehr Kontakt als heute. Dass man sich gegenseitig beim Arbeiten half, war selbstverständlich.
Trotzdem waren die Probleme und Sorgen meist groß. Allerdings ergab das gemeinsame Arbeiten auch immer wieder Gelegenheit für Späße und Neckereien. Gewisse Arbeiten, wie zum Beispiel das Dreschen, wurden mit Musik und Tanz abgeschlossen. Man hört immer wieder alte Leute sagen, dass es früher lustiger gewesen sei als heute.
Auch das „Mentschagehn" oder „Fensterln" war ein Teil des Dorflebens. War beispielsweise ein junger Mann in ein Mädchen verliebt, versuchte er am Abend oder in der Nacht, durch das Fenster Kontakt aufzunehmen. Oft benötigte er eine Leiter, um zum „Kammerfenster" zu gelangen. Um gehört zu werden, wurden auch Sprüche aufgesagt. Ein besonders schöner ist folgender:

Dirndl, los auf a weing, was i dir sog:
Mia hod so schen tramd vo dir, vor a poar Tog.
Mia san gengen Hümmi gflogn – schen mitanaund.
Haum goldani Flügel ghobt, owa koa Gwaund.
Du, so a Hümmifoahrt war owa schen!
Waun mas probieradn, i moa es wurd geh'n.

Bei solch eindringlichen Worten haben sich gewiss alle Fenster geöffnet.

Hofübergabe

Übergab der Altbauer seinen Hof an seinen Sohn, an die jüngere Generation, hatte er keine Pension. So musste ein Vertrag abgeschlossen werden, der seine Lebensberechtigung am Hof – nicht nur für sich sondern auch für seine Frau und die noch unversorgten Kinder – absicherte. Er musste sich das so genannte „Ausnehmen schreiben lassen". Darin stand, dass die alten Bauersleute weiterhin in einem Zimmer oder in einer kleinen Wohnung am Hof bleiben konnten und dass ihre Versorgung mit Nahrungsmitteln sichergestellt war. Trotzdem kam es immer wieder zu Unstimmigkeiten zwischen den Generationen. Da die Alten jahrzehntelang am Hof „das Sagen" hatten, fühlten sie sich nach der Übergabe vom Leben am Hof ausgeschlossen. Diese Situation stimmte viele alte Bauern traurig. So wird auch folgender Spruch verständlich: „Übergebn is nimma leben". Manche Altbauern weigerten sich daher hartnäckig, den Hof an die Jüngeren zu übergeben, was oft zu großen Spannungen führte.

Tagelöhner, Handwerker, Hausierer, Einleger und Bettler

Tagelöhner, genannt „Towera" (Tagwerker) lebten mit ihrer Familie meist in einem kleinen Häuschen in unmittelbarer Nähe eines Bauernhofes. Sie arbeiteten bei einem Bauern, um dafür „Kost" (regelmäßige Mahlzeiten) zu bekommen. Meistens überließ man ihnen auch den Rand eines Feldes, den so genannten „Lassacker". Auf diesem, etwa siebzig Meter langen und sechs Furchen breiten „Grundstück" konnten sie Kartoffeln und Gemüse für sich und ihre Familie anbauen. Da viele Dinge des täglichen Gebrauchs selber hergestellt wurden, gab es immer etwas zu tun: Der eine war geschickt im Anfertigen von Holzschuhen, der andere im Binden von Besen, wieder ein anderer flocht Körbe.

So entstand früher auch das Handwerk. Männer, die irgendeine Tätigkeit so gut konnten, dass sie die Produkte, die sie erzeugten, gut verkaufen konnten, machten diese Tätigkeit zu ihrer Dauerbeschäftigung. So entstanden Berufe wie Tischler, Maurer und Zimmermänner. Sie gründeten Betriebe und ließen ihren Beruf schützen. Innerhalb eines Berufes gab es bald, je nach Alter und Können, Meister, Gesellen und Lehrlinge. Handwerkliche Betriebe entstanden vor allem in den Städten, aber auch in Märkten und später in den Dörfern. Ein Besuch im Gallneukirchner Heimathaus in der Dienergasse gewährt gute Einblicke in die verschwundene Welt des Handwerks und ihrer Werkstätten.

Am schlechtesten erging es arbeitsunfähig gewordenen Personen. Für sie gab es keine Unfallrente. Hatten sie keine Verwandten, die ihnen halfen, mussten sie sich als Bettler durchschlagen.

Hatte ein alt gewordener Mensch weder Familie noch Haus, wurde er zum „Einleger". Was bedeutete dies? – Nun, für solche Personen ohne Besitz organisierte die Gemeinde ein System, in dem sie überleben konnten. Sie gab eine bestimmte Anzahl von Höfen bekannt, in denen der „Einleger" für mehrere Tage eine Schlafstelle und Verköstigung erwarten konnte. Er zog also mit seinen wenigen Habseligkeiten, zu einem „Binkerl" geschnürt, von Hof zu Hof. Meist schliefen sie im Kuhstall oder im Heu. Sie wurden nur zu einfachen Arbeiten herangezogen. Die alten Mägde mussten sich mit Flickarbeiten nützlich machen, Federn „schleißln", den Hof kehren, die Stube sauber halten und dergleichen. Die ehemaligen Knechte mussten Futter schneiden, Späne machen (zum Einheizen), Brennholz herein tragen, Besenreisig zuschneiden und ähnliche Arbeiten verrichten. Man kann sich vorstellen, dass diese armen Personen nicht gern gesehen waren.

In den Dreißigerjahren (1930 – 1938) des 20. Jahrhunderts wurden viele Arbeiter und Handwerker Opfer der Wirtschaftskrise. In den Betrieben wurde nur noch wenig produziert, weil sich ein großer Teil der Bevölkerung nichts mehr kaufen konnte. Damals zogen viele „Ausgesteuerte" (Arbeitslose, die keine Arbeitslosenunterstützung mehr bekamen) von Haus zu Haus. Man nannte sie auch „Schnallendrucker", weil sie zur Tür kamen und um Arbeit oder Nahrungsmittel baten.
So genannte „Hausierer" versuchten Waren, die sie mit sich trugen, zu verkaufen: Pfannen und Töpfe, Kandiszucker, Messer oder Stoffe. In der Zeit vor dem 1. Weltkrieg gingen die „Kraner mit da Kraxn" von Haus zu Haus, von Hof zu Hof. Sie trugen ihre Handelsware in einem Holzgestell auf dem Rücken. Die „Kraner" kamen meistens aus Krain, einer Landschaft Alt-Österreichs, die heute zu Slowenien gehört. Sie boten Stoffe, Schmuckstücke, Knöpfe und allerlei Tand zum Verkauf an.
Dazu kamen oft noch Bettler, „Fechta" genannt, die überhaupt kein Anrecht auf Unterkunft oder Verpflegung hatten.

Oft trugen sie nur noch Fetzen am Leib und stanken, da sie sich weder baden noch waschen konnten. In den meisten Höfen durften sie jedoch für eine Nacht bleiben. Sie schliefen im Stroh, im Stall oder auf dem Heuboden. Damit sie kein Feuer legen oder beim Rauchen das Stroh anzünden konnten, mussten sie Zündhölzer oder Feuerzeuge beim Bauern abgeben. Sie bekamen am Abend eine Jause, dazu einen Krug Most, am nächsten Morgen vielleicht Milch und ein Stück Brot, dann mussten sie weiterziehen.

Eine interessante Geschichte hat sich vor ungefähr 100 Jahren in Bodendorf zugetragen. Eine Familie aus Vorarlberg kaufte ein Bauernhaus, das Luemergut. Da der Besitzer vor ihnen alles verkauft hatte, mussten sie sogar Möbeln und Rinder aus Vorarlberg herantransportieren, und zwar von Lauterach nach Lungitz. Nun benötigten sie auch noch einen Knecht. Der Bauer aus Vorarlberg, Eduard Gasser, sagte: „Der erste Fechta, der bei uns anklopft, wird unser Knecht." – Und so war es auch. Der Bettler dankte es ihnen und so wurde aus einem heimatlosen „Fechta" ein guter Knecht.

Einen außergewöhnlichen Bekanntheitsgrad hatte ein „Fechta" namens „Nadelhöfer". Er stammte aus Weitersfelden, hatte in jungen Jahren an Bauernhöfen gearbeitet und in Unterrauchenödt einige Teiche angelegt. Zur Zeit des 1. Weltkriegs, als er einrücken sollte, spielte er die Rolle eine gescheiten Narren so perfekt, dass er dem Kriegsdienst entkam. Er ahnte bereits, welches Leid und Elend auf die Bevölkerung zukommen werde und deklarierte sich als Pazifist (= eine Person, die Gewalt in der Politik und den Krieg ablehnt). Er kam auch regelmäßig zum Kirtag nach Gallneukirchen, um sich ein paar Groschen zu verdienen. Sein Aussehen war ge-

prägt von einem langen, mit unzähligen Abzeichen behangenen Mantel. Er trug einen mächtigen Vollbart, und sogar auf seinem Hut prangten allerlei Abzeichen und Anstecknadeln. Spektakulär war auch seine Pfeife, die, wenn er saß, bis zum Boden reichte. Er war ein beliebter Geschichtenerzähler und bereitete als guter und friedliebender Mensch den Leuten, vor allem aber den Kindern, viel Freude.
Manchmal waren solche Menschen, die am Rande der Gesellschaft lebten, ausgeprägte Individuen, so genannte „Originale". Ein Beamter, Handwerker oder Arbeiter konnte es sich jedenfalls nicht leisten, so „verrückt angezogen" herumzulaufen.

Bildung macht frei!

Du kannst dir vorstellen, dass damals die Menschen nicht so alt wurden wie heute. Dass jemand 80 Jahre alt wurde, war damals die Ausnahme.
Erst allmählich, durch die organisierten Bestrebungen der Industriearbeiter, verbesserte sich auch die soziale Lage der Landarbeiter. Da sie zusammenhielten, konnte viel erreicht werden. In den Städten wurden Gewerkschaften und Parteien gegründet, die sich für die Interessen der Arbeiter einsetzten. Um eine Verbesserung ihrer Arbeits- und Lebensbedingungen durchzusetzen, konnte auch gestreikt werden. Gebildete und sozial denkende Männer und Frauen wollten das Elend und die Rechtlosigkeit der Menschen beseitigen. „Bildung macht frei!" war eine Losung dieser Zeit. So entstanden Einrichtungen für die Weiterbildung Erwachsener wie die Volkshochschule und Vorsorgeeinrichtungen wie die Krankenkasse. Das bedeutete zum Beispiel, dass Arbeiter und Ange-

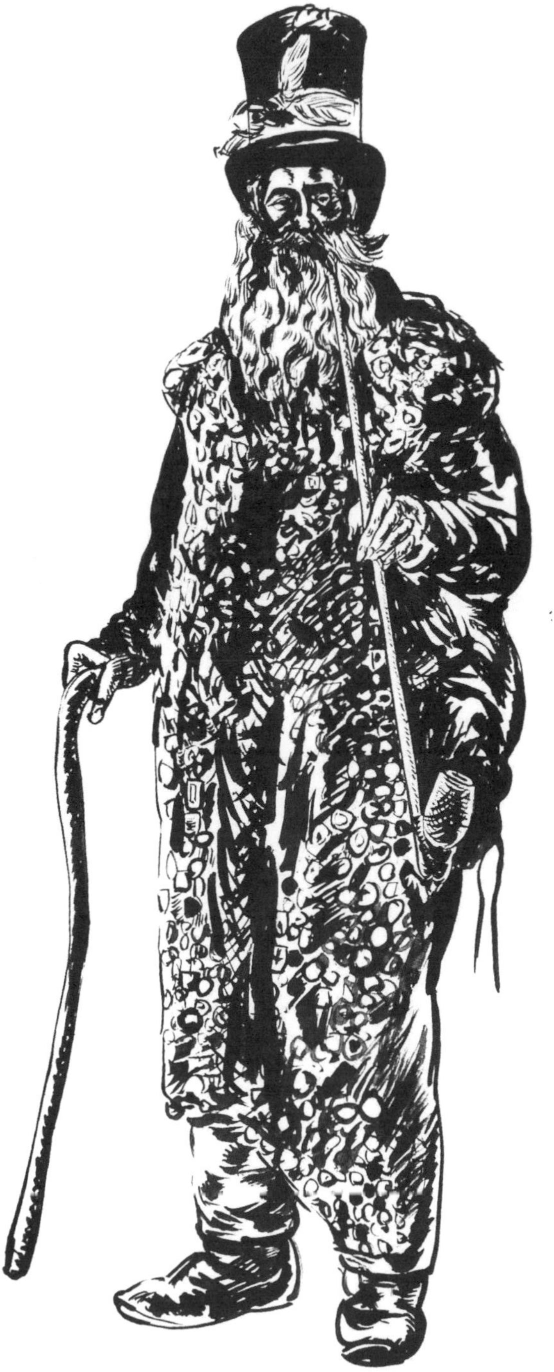

stellte ihren Lohn auch bezahlt bekamen, wenn sie krank oder durch einen Arbeitsunfall verletzt waren. Auch überlegte man sich, wie man den alten Leuten ein eigenständiges Leben ermöglichen könne. So entstand unser Pensionssystem, damit niemand, der 40 Jahre oder noch länger gearbeitet hat, um seine Altersversorgung Angst haben muss.

All die Verbesserungen fielen nicht vom Himmel, sondern mussten geduldig erkämpft werden. Frauen durften erst ab 1897 an Universitäten und an der Kunstakademie studieren. Das allgemeine Wahlrecht für Frauen wurde erst am 12. November 1918 im Parlament beschlossen.

Vor rund 100 Jahren geschahen also viele Veränderungen und Verbesserungen. Vor allem für all jene Personen, die Jahrhunderte keine Rechte hatten und von den Mächtigen des Landes oft wie Leibeigene oder Arbeitssklaven gehalten wurden.

Leider entwickelte sich die Weltpolitik weniger positiv. Europa steuerte auf einen brutalen Konflikt zu.

Der 1. Weltkrieg

Ein Funke setzte eine Kriegsmaschinerie in Gang, wie sie die Welt noch nie gesehen hatte. Nachdem der Thronfolger Franz Ferdinand in Sarajewo bei einem Attentat ermordet worden war, erklärte Österreich Serbien den Krieg. Zuerst zogen die Männer noch freudig von zu Hause fort. In einem Bericht aus dieser Zeit heißt es:

„Am 2. August 1914 versammelten sich die einberufenen Männer aus Gallneukirchen und Umgebung um 14 Uhr mit ihren Angehörigen auf dem Marktplatz. Auf das Hornsignal ‚Ver-

gatterung' formierten sich etwa 200 Männer, die Musikkapelle spielte die Volkshymne, es folgten Hochrufe auf den Kaiser und dann marschierten sie unter Klängen des Radetzkymarsches bis zur Gusenbrücke, begleitet von Angehörigen, Freunden und Schaulustigen. Aus den Fenstern winkten ihnen die Leute zu und die zukünftigen Soldaten trösteten sie mit dem Zuruf: ‚In drei Wochen sind wir wieder da!'"

Doch das war ein Irrtum. Der Krieg dauerte vier Jahre und hatte nicht nur Tote, Verletzte und Invalide zur Folge, sondern brachte auch Elend über die Bevölkerung. Pferde, Wägen, Getreide, Kartoffeln und andere Lebensmittel mussten dem Militär zur Verfügung gestellt werden. Aber auch Rohstoffe wie Leder, Wolle, Gummi und Metalle wurden eingesammelt. Zuletzt mussten Kirchenglocken und Kupferdächer der Türme und Kirchen abgenommen werden, weil die Rüstungsindustrie Metall für Waffen und Munition benötigte. Nachdem der Krieg verloren war, forderten viele Österreicher: „Nie wieder Krieg!" – Sie setzten den Kaiser ab und die junge Republik enteignete viele Besitzungen der Habsburger, um ihre Macht zu brechen.
Der 1. Weltkrieg brachte nicht nur Millionen Tote, sondern neue Probleme. Eine direkte Folge dieses Krieges waren Hungersnöte in vielen Gegenden Europas. Da die Menschen so geschwächt waren, wurden sie eine leichte Beute der Spanischen Grippe; auch an ihr starben europaweit Millionen. Ein berühmtes Opfer war der Maler Egon Schiele. Wie jeder Mensch sehen kann: Durch Kriege wurden noch nie die Probleme der Menschen gelöst.

Christas Großvater erzählt von seiner Kindheit

Ich bin 1921 geboren. Drei Jahre nach Ende des 1. Weltkriegs. Ich kann mich noch gut an die Erzählungen der alten Männer erinnern. Ihre Geschichten kamen aus einer anderen Welt. Unter dem alten Kaiser Franz Joseph konnte ich mir nicht viel vorstellen, außer dass er einen langen grauen Bart hatte und bei jeder Gelegenheit gesagt haben soll: „Es war sehr schön, es hat mich sehr gefreut." Damals gab es viele Invalide, Männer mit nur einem Bein oder nur einer Hand. Auch mein Vater, der 1893 geboren ist, hat am Krieg teilnehmen müssen. Er war Dragoner, das heißt, er war ein berittener Soldat und trug einen Säbel.
Nach dem Ende der Monarchie wurde Österreich eine Republik. Das „Allgemeine Wahlrecht" war bereits 1907 eingeführt worden, 1919 folgte auch das Frauenwahlrecht. Im Parlament waren mehrere Parteien vertreten. Die Geschäftsleute und Bauern hatten ihre Vertreter und die Arbeiter auch. Bald versuchten aber auch die Nationalsozialisten Einfluss zu gewinnen.

Ich wuchs auf einem Bauernhof auf und musste schon sehr bald arbeiten. Im Stall, auf den Wiesen und Feldern. An ein Erlebnis kann ich mich noch gut erinnern. Eines Tages nahm mich mein Großvater das erste Mal mit ins Wirtshaus. Er ist 1848 geboren und wurde 80 Jahre alt. Ich bestellte mir ein „Kracherl", das war damals der Name für Limonade. Wenn man den Verschluss öffnete, machte es „Plopp!", und eine dünne Rauchfahne stieg aus dem Flaschenhals. Ich glaube, das kam von der Kohlensäure. Dann begann das Getränk hörbar zu knistern und zu perlen. Vielleicht nannte man deswegen das Getränk „Kracherl". Mein Großvater und sein Jagdkamerad, der alte Aumüller, tranken Bier und rauchten Pfeifen. Plötzlich sagte er: „Bua, loss dös Gsief, trink a Bier!" – So kam ich zu meinem ersten Schluck Bier! Mit fünf Jahren! Ich blieb aber bei meinem Kracherl und habe auch später, als Jugendlicher, selten ein Bier getrunken; ich habe mir das Geld lieber gespart.

Der Sommer 1926 war extrem feucht. Es hat viel geregnet und es gab mehrmals Hochwasser. Die Knechte und die Kinder, die um einige Jahre älter waren als ich, schnappten sich Sautröge und ruderten in ihnen durch die Gegend. Weißt du, was ein Sautrog ist? Der war aus Holz gezimmert, sah aus wie ein kleines Boot und war so lang, dass man eine gestochene Sau hineinlegen konnte. Sie wurde mit kochendem Wasser überschüttet, mit Pech eingerieben und man hat ihre Haut so lange mit scharfkantigen Glocken aus Eisen abgerieben, bis keine Borsten mehr dran waren.

Das Wetter wurde nicht besser. Die Kartoffeln bekamen die Fäule. Man bekam nicht mehr heraus als man angebaut hatte. Das war eine Katastrophe!

Erst um „Bachdlmei" (gemeint ist der 24. August, der Tag des hl. Bartholomäus) ist das Wetter dann besser geworden.

An mein erstes Schuljahr kann ich mich noch gut erinnern. Der Winter 1928/29 war sehr kalt. Es hatte sogar minus 30 Grad Celsius. Da hat mich der Knecht mit dem Schlitten die 2 Kilometer in die Schule gebracht. Zuerst musste aber das Pferd gefüttert und ich dick eingepackt werden. Ich war sehr stolz darauf, dass mich der Knecht mit dem Schlitten zur Schule bringen musste. Ich fühlte mich wie ein kleiner Prinz. Leider kamen wir zu spät. Ich musste mich deswegen entschuldigen und sagte: „Bitte um Entschuldigung, der Knecht hat nicht früher eingespannt!" – Da sagte die Frau Lehrerin: „Sag dem Knecht einen schönen Gruß, er soll das nächste Mal früher aufstehen!"

Weil so ein schöner Winter war, organisierte man in Gallneukirchen ein Schlittenrennen, auf dem Platz neben der Bierniederlassung Rader. Ungefähr dort, wo heute das Geschäft „Zielpunkt" steht.

Das waren große Schlitten, die von Pferden gezogen wurden und mit denen man am Sonntag zur Messe fuhr. Unser Vater hat auch daran teilgenommen. Als die Musikkapelle zu spielen anfing, bekam unser Schimmel die Panik. Er riss sich los, sprang über die Gusen, und galoppierte wie der Blitz davon. In zehn Minuten war er oben in Altenberg. Dort konnte man ihn wieder einfangen. Aber am Schlittenrennen hat er nicht mehr teilgenommen.

Da der Winter so lange dauerte, organisierte man auch noch am 19. März in Katsdorf ein Schlittenrennen. Es wurde auf der so genannten „Broadwies" neben der Straße nach Edtsdorf abgehalten. Wir Kinder waren wieder dabei. So ein Schlittenrennen war eine Sensation!

Taschengeld gab es damals nicht. Um zu etwas Geld zu kommen, habe ich Tauben gezüchtet und die jungen Tauben verkauft. Später ging ich im Herbst, wenn die großen Treibjagden waren, als Treiber mit. Auch dafür hat man ein paar Schilling bekommen. Im Sommer verdiente ich mir Geld beim Kegelaufsetzen. Weißt du was das ist? Damals waren die Kegelbahnen in den Gasthäusern nicht automatisch. Es gab nur Kegel, Kugeln und eine lange Bahn, meistens mit Brettern verschalt. Am Ende der Bahn, wo die Kegel standen und fielen, war seitlich ein Anbau, in den sich der Kegelbub stellen konnte, wenn die Kegeln durch die Luft flogen. Der Kegelbub musste die Kegel immer wieder aufstellen. Dafür bekam er von jedem Spieler einen bestimmten Betrag.

Ab meinem 12. Lebensjahr habe ich mich komplett selber eingekleidet. Damals kaufte ich mir auch ein Fahrrad, mit dem Geld, das ich durch meine Arbeiten verdient hatte. Es hat 120 Schilling gekostet, das weiß ich noch heute. Wie viel das war? – Sehr viel! Ein Dienstbote bekam damals im Monat 30 Schilling, ein Taglöhner, der von sechs Uhr früh bis 6 Uhr Abend arbeitete, 5 Schilling!
Kam ich vom Kegel aufsetzen nach Hause, bettelten meine Schwestern: „Bitte, gib uns einen Schilling!"
Ich sagte: „Ja, einverstanden, wenn ihr mir die Schuhe putzt!" – So hatte ich immer geputzte Schuhe.
Ich verdiente jeden Sonntag 8 bis 10 Schilling. So konnte ich mir schon selber, zusätzlich zum Gewand, Nivea-Creme und Zahnpasta kaufen. War Kirtag, habe ich mir auch Schokolade geleistet. Einmal habe ich mir ein Paar Knacker und dazu fünf Semmel gekauft und auf einen Sitz gegessen.
Insgesamt war meine Schulzeit eher kurz. Mein Vater hat ein Gesuch an die Schulleitung geschrieben: Sein Sohn Josef werde am Hof dringend als Arbeiter benötigt. Ich war 13 Jahre alt, als ich aus der Schule kam. Dann habe ich zu Hause als Rossknecht zu arbeiten begonnen.

Zum Vorabend des 2. Weltkriegs

Christas Großvater kann sich an vieles noch genau erinnern. Nicht nur das: Er weiß auch von vielen Ereignissen das genaue Datum.
Seine unbeschwerte Kinderzeit war bald vorüber, und das Leben wurde schwieriger. Nicht nur für ihn.
Im März 1933 hat der Bundeskanzler Dollfuß das Parlament aufgelöst und damit die Demokratie beendet. Seine Partei übernahm die Macht, und die Rechte der Arbeiter und Arbeiterparteien wurden immer mehr eingeschränkt. In Wien wurde der 1.Mai-Aufmarsch verboten und im gesamten Land die Todesstrafe wieder eingeführt. Das System wurde von Tag zu Tag undemokratischer, ja diktatorischer. Die Arbeiter machten im Februar 1934 einen letzten verzweifelten Aufstand, der jedoch niedergeschlagen wurde. Nun mussten viele Arbeiter und Arbeiterfunktionäre ins Ausland fliehen, um nicht eingesperrt oder gar hingerichtet zu werden. An den Februar 1934 kann sich Christas Großvater ebenfalls noch gut erinnern, weil sie wegen des Bürgerkrieges ein paar Tage schulfrei hatten.

Die Mutter ist jede Woche einmal auf den Markt nach Linz gefahren, um Eier, Butter, Rahm, Topfen und Obst zu verkaufen. Sie hat alles auf einen zweirädrigen Marktkarren verladen, den großen Hund vorgespannt, und dann sind sie zu Fuß nach Linz. Auf einem Weg, der heute die Alte Linzer Straße genannt wird, beim Kreuzwirt und bei den Wiesen und Feldern vorbei, wo das deutsche Militär später den Truppenübungsplatz Treffling errichtet hat. So eine Fußreise nach Linz hat vier Stunden gedauert. Vier Stunden hin und vier Stunden zurück. Deswegen ist die Mutter schon um vier Uhr früh aufgebrochen.

In Urfahr, neben der Friedenskirche, konnte man den Hund einstellen. Bei einer Frau, die man das „Hundsweib" genannt hat. Dort bekam er Wasser, und die Mutter zog nun den Karren selber durch die Straßen. Zum Taubenmarkt, auf die Promenade, zum Wirtshaus „Eiserne Hand" oder zum Südbahnhof. In der Stadt mussten nämlich alle Hunde einen Beißkorb tragen und am Markt waren sie überhaupt unerwünscht.
Auf dem Heimweg sind die Marktfahrerinnen beim Ganglwirt oder beim Binderwirt eingekehrt.
Nach 1934 ist die Situation für die Arbeiter immer schlechter geworden. Hunderttausende waren arbeitslos; dadurch haben auch die Bauern ihre Produkte nicht mehr so gut verkaufen können. Weil die Arbeiter kein Geld mehr gehabt haben.
Der österreichische Ständestaat war unfähig, die Probleme zu lösen. Daher haben sich die meisten durch den Nationalsozialismus eine Verbesserung erhofft.

Am 12. März 1938 begann der Einmarsch der deutschen Truppen. Ich habe gerade den Acker hergerichtet zum Haferanbau. Am 13. März hat Hitler in Linz geredet. Auch wir sind mit dem Fahrrad hinaus zum Hauptplatz, um Hitler zu sehen. Die Leute haben ihn angehimmelt wie einen Erlöser. Die Buben sind auf Bäume geklettert, um ihn besser sehen zu können. Überall wehten Hakenkreuzfahnen, und wenn er vorbeifuhr, jubelten die Menschen.
Für die jüdischen Mitbürger begann nun die Katastrophe. Nach und nach wurden alle ihre Besitzungen beschlagnahmt. Die nicht fliehen konnten, wurden bald in Konzentrationslager eingeliefert. Am ärgsten war es in Wien, dort lebten viele Bürger jüdischer Herkunft. Aber davon war auf dem Land kaum etwas zu merken. Wir haben keine Juden gekannt. Die nationalsozialistische Propaganda hat für die

wirtschaftliche Notlage einerseits die Juden, andererseits Länder wie Frankreich und England verantwortlich gemacht.

Am 1. Dezember 1938 habe ich meine wirtschaftliche Lage verbessern können. Ich wurde zweiter Rossknecht im Martinstift. Sie hatten eine große Landwirtschaft und verhältnismäßig moderne Maschinen wie Bindemäher und Mähmaschine. Im Winter benötigte das Evangelische Diakoniewerk viel Kohle zum Heizen. Mit drei Wägen, jeweils bespannt mit einem Paar Pferde, haben wir vom Bahnhof Gaisbach-Wartberg das Heizmaterial geholt. Im Laufe der Monate habe wir zu dritt nur mit Schaufeln 100 Waggon Kohle entladen. Wochenlang bin ich zweimal am Tag zwischen Gaisbach und Gallneukirchen hin und her gefahren.

Allmählich bekam ich jedoch genug von der Landwirtschaft und von den Pferden. Ich wollte einen anderen Beruf ergreifen. Eventuell bei der Post oder vielleicht bei der Bahn. Der für uns zuständige Ortsbauernführer, der vor dem Einmarsch der Deutschen ein illegaler Nazi war, vertrat jedoch die Meinung, dass von der Landwirtschaft keiner wegkommen könne. So ein Blödsinn, wir waren neun Kinder, sechs davon Buben, wie sollten wir alle in der Landwirtschaft unterkommen und davon leben?
Ich war sehr wütend. Da stieß ich auf eine Werbung. Die lautete ungefähr folgendermaßen: Junge Burschen, meldet euch zur Wehrmacht, dann bekommt ihr einen Staatsposten.

Der 2. Weltkrieg

Und so kam es, dass ich mich im Mai 1939 zur Wehrmacht meldete. Am 20. November 1939 bin ich eingerückt. Mittlerweile hatten deutsche Truppen einen Krieg gegen Polen begonnen und nach nur 18 Tagen gewonnen. In der Propaganda, hieß es, die Polen hätten mit dem Krieg angefangen.
Ich kam nach Stockerau bei Wien. Die Grundausbildung dauerte 8 Wochen, dann kam ich nach Deutschland, zur 45. Infanteriedivision.
Am 10. Mai begann der Frankreichfeldzug. Da wir nicht bei der kämpfenden Truppe, sondern beim Nachschub waren, war die Gefahr nicht so groß.
Nach 40 Tagen war auch der Frankreichfeldzug zu Ende. Ich blieb, unterbrochen von einigen Urlaubstagen, fast ein Jahr als Besatzungssoldat in Frankreich.
Im Mai 1941 wurde unsere Division nach Warschau verlegt. Am 22. Juni begann der Russland-Feldzug. Das nationalsozialistische Deutschland hat wieder einmal einen Vertrag gebrochen und die Sowjetunion überfallen. Im Februar 1942 erlitt ich an den Füßen Erfrierungen zweiten Grades. Die Zehen hatten plötzlich eine schwarze Färbung bekommen. Ich kam in ein Lazarett nach Heidelberg, Deutschland. Da ich immer wieder Ausgang hatte, heilten meine Wunden schlecht. Wenn ich Schuhe trug, wurden sie immer wieder aufgescheuert. Als ich entlassen werden sollte, sah der Oberarzt, dass ich viel zu lange im Lazarett gewesen war. Damit er keine Schwierigkeiten bekam, korrigierte er die Eintragung im Akt. Statt Erfrierungen 2. Grades schrieb er, ich hätte Erfrierungen 3. Grades erlitten und deswegen eine längere Behandlung gebraucht.
Das hat mir wahrscheinlich das Leben gerettet. Hatte man

einmal Erfrierungen 3. Grades, wurde man nicht wieder an die Ostfront, nach Russland verlegt.

Nach einem Unteroffizierskurs wurde ich im Mai 1944 nach Griechenland abkommandiert, und zwar auf die Insel Lemnos.
Die schöne Zeit am Mittelmeer unter südlicher Sonne dauerte nicht lange. Am 1. September verließen wir die Insel. Das Deutsche Reich wurde von allen Seiten immer heftiger bekämpft, die Fronten mussten verkürzt werden und die deutschen Truppen Griechenland wieder verlassen.
Die Kriegsschiffe „Drachen" und „Zeus" evakuierten die Insel; sie brachten uns nach Saloniki. Wir sollten nun zu Fuß die Heimat erreichen. Diese Flucht wurde offiziell als Rückmarsch bezeichnet. Die Feinde waren hinter uns her. Manchmal marschierten wir 73 Kilometer pro Tag! Unvorstellbar. Wir gingen und gingen, und mussten dabei noch den Tornister, eine Art Rucksack, und schwere Waffen tragen. In einer Nacht, am 17. November 1944, als ich in einem dunklen Tal Wache stand, wurde ich in Mazedonien gefangen genommen.

Per Zug kam ich nun nach Sofia. Dort wollte mich ein russischer Offizier erschießen. Als ich sagte, ich sei Österreicher, ließ er mich am Leben.
Bis 5. März habe ich dort in einer Sandgrube gearbeitet. Danach wurden wir in Viehwaggons nach Mariupol ans Asowsche Meer transportiert. Die Reise dauerte 18 Tage und Nächte. Stundenlange Stehzeiten steigerte unsere Verzweiflung. Viele starben. Wir bekamen in diesen 18 Tagen nur zwei Mal eine warme Suppe und drei Mal ein größeres Stück Brot. Angekommen mussten wir ein von den deutschen Truppen

zerstörtes Industriegebiet aufräumen. Das dauerte ein ganzes Jahr.

Allmählich lernte ich Russisch. Als ehemaliger Unteroffizier wurde ich Bauzugführer. So bauten wir vier Jahre lang Häuser und Wohnungen. Zu essen bekamen wir wenig, denn durch den Krieg hatten die Russen selber nicht viel zu essen. Langsam verbesserte sich unsere Lage. Da ich bald gut Russisch sprach, habe ich mir bei den russischen Vorgesetzten viel Sympathie erworben. Ich hatte mit ihnen ein gutes Verhältnis. Die Bauleiterin, eine russische Ingenieurin, gab mir sogar ihr Foto, als ich nach fünf Jahren aus der Gefangenschaft entlassen wurde. Das war am 8. Oktober 1949. Mein Körpergewicht betrug nur noch 45 Kilo. Am 26. Oktober kam ich in einem Viehwaggon am Bahnhof in Wiener Neustadt an. Dieses Datum werde ich mein Lebtag nicht vergessen.

Die Schule unterm Hakenkreuz

Im März 1938 wurde Österreich von deutschen Truppen besetzt. Nun begann die Zeit des Nationalsozialismus, „Das Tausendjährige Reich", wie Hitler stolz verkündete. Nun, was war der Nationalsozialismus? – Der Nationalsozialismus war eine politische Lehre, die Demokratie ablehnte. Der Nationalsozialismus war gegen die Menschenrechte, gegen die Grund- und Freiheitsrechte, gegen Wahlen durch das Volk und war gegen die Verpflichtung des Staates zur Friedenspolitik. Die Nationalsozialisten sagten, die Starken hätten das Recht, über Schwache zu herrschen, sie behaupteten, germanische Menschen, so genannte Arier, seien besser als alle anderen Völker und Rassen. Damit es den germanischen Men-

schen gut gehe, damit es zu einem Ende von Armut und Not komme, müsse das Deutsche Reich die Juden und die Roma und Sinti wegschaffen. Auch alle Schwachen und Behinderten seien auszurotten. Um all das durchsetzen zu können, müsse das Deutsche Reich über andere Länder herrschen.
Die Nationalsozialisten machten den Menschen große Hoffnungen, dass das Leben besser werde, dass alle Arbeit bekämen und die Kinder kostenlos gute Schulen besuchen könnten. Den Bauern und Handwerkern versprach man, ihre Schulden auf den Banken nachzulassen.
Es gab viele Kundgebungen und Militärparaden mit Marschmusik und wehenden Fahnen. Viele Leute dachten: Jetzt sind wir stark, jetzt kommt eine gute Zeit! Sie grüßten begeistert mit „Heil Hitler!" und waren stolz, Deutsche zu sein.

Der Nationalsozialismus brachte nicht nur für die Erwachsenen, sondern auch für die Schulkinder Veränderungen. Auch alle Schüler und Lehrer hatten nun mit „Heil Hitler!" zu grüßen. Dabei musste der rechte Arm bis in Stirnhöhe erhoben werden, während die linke Hand an den Oberschenkel angelegt werden sollte. Begrüßungsformen wie „Grüß Gott!", „Servus!" oder „Habe die Ehre!" waren nicht mehr gestattet. Mit „Hallo!" oder „Ciao!" grüßte damals ohnehin noch niemand. Wer den Hitlergruß verweigerte, wurde bestraft.

Aus den Schulen mussten sämtliche Gegenstände entfernt werden, die an das frühere System erinnerten. Täglich erzählte die Lehrkraft am Schluss des Unterrichts den Kindern zehn Minuten über den Führer (= Hitler) und Deutschland. Mittels neuer Broschüren und Schulbücher sollte die Rassenpolitik des Nationalsozialismus das Denken und Fühlen der Kinder beeinflussen. Werte wie Menschlichkeit, Barm-

herzigkeit und Toleranz wurden lächerlich gemacht. Die germanische Rasse wurde als die überlegene gesehen. Die slawischen Völker galten als minderwertig. Den Juden und der Volksgruppe der Roma und Sinti (damals ‚Zigeuner' genannt) sprach man überhaupt das Recht auf Leben ab.
Jüdische Kinder und Kinder der Roma und Sinti wurden mit ihren Eltern in Konzentrationslager eingeliefert und ermordet. In Oberösterreich wurde neben dem KZ Mauthausen noch eine zweite, besonders grausame Mordmaschinerie in Gang gesetzt: Geistig und körperlich behinderte Menschen, Erwachsene wie Kinder, wurden nach Hartheim transportiert. Dort wurden sie in einer Gaskammer mit Giftgas ermordet und ihre Leichen dann verbrannt. Viele Opfer kamen aus den Einrichtungen des Evangelischen Diakoniewerks Gallneukirchen. Ein Mahnmal zwischen Diakonissen-Mutterhaus „Bethanien" und der Fachschule für heilpädagogische Berufe und Altendienste erinnert an die Opfer der so genannten Euthanasie. Die Inschrift lautet:

„Den 64 Menschen, Kindern und Erwachsenen, weggeholt und ermordet, Opfer der Gewaltherrschaft des Dritten Reiches, am 13. und 31. Jänner 1941. Wir lassen uns mahnen, von Gott gegebenes Leben zu achten, zu lieben und zu fördern, gerade wenn es schwach und krank ist."

Der dunkelgraue Granitwürfel mit der in den Boden eingelassenen Steinplatte wurde im Jänner 1991 errichtet.

Vom Landesschulrat wurde sogar ein neues Schulgebet verordnet. Wieder einmal wurden die Religion und Gott für ein politisches System missbraucht.

Unserer Schule Arbeit leite,
segne deutsches Volk und Land!
Über unsren Führer breite
deine starke Gnadenhand.
Hilf empor aus aller Not
und sei ewig unsrer Gott!"

Nach Kriegsbeginn wurde auch in den Schulen der Krieg verherrlicht. Hitler wurde als Führer wie ein Gott verehrt. Was sagst du zu folgendem Diktat?

Jesus und Hitler
Wie Jesus die Menschen von der Sünde und Hölle befreite, so rettet Hitler das deutsche Volk vor dem Verderben. Jesus und Hitler wurden verfolgt, aber während Jesus gekreuzigt wurde, wurde Hitler zum Kanzler erhoben. Während die Jünger Jesu ihren Meister verleugneten und ihn im Stich ließen, fielen 16 Kameraden für ihren Führer. Die Apostel vollendeten das Werk ihres Herrn. Wir hoffen, dass Hitler sein Werk selbst zu Ende führen darf. Jesu baute für den Himmel. Hitler für die deutsche Erde.

So einen Blödsinn hat man damals geglaubt und ernst genommen, weil die Propaganda wie eine Gehirnwäsche funktionierte. In der Erzählung eines alten Mannes, der dein Großvater sein könnte, wird dies deutlich:

Wenn man zehn Jahre alt war, kam man zur Hitler-Jugend (HJ). Nach einem Jahr bei der Hitler-Jugend wurde ich ein Hordenführer. Die Horde war die kleinste Gruppe in der HJ, und ein Hordenführer der unterste und kleinste Führer. Dann wurde ich zum Rottenführer vorgeschlagen. Ein Rottenführer hatte das Kommando über etwa zwanzig Buben. Rottenführer konnte nicht jeder werden. Ich hatte alle Voraussetzungen dazu: Ich versuchte, ein echter Germane zu werden; ich war fasziniert von allem, was mit Hitler, Militär und Krieg zusammenhing. So wie Kinder heute alle Werbeslogans auswendig können, so kannte ich auswendig, was die Propagandamaschine der Nationalsozialisten ausspuckte.

Damit die Jugend im Sinne des diktatorischen Regimes erzogen werden konnte, wurden die Kinder schon sehr bald aus dem Einflussbereich der Eltern geholt. Die Mädchen mussten zum BDM, zum Bund deutscher Mädchen, die Buben zur Hitler-Jugend. Dort mussten sie an Schulungen teilnehmen und sich auf ihre zukünftige Rolle vorbereiten. Aus den Buben sollten tapfere Soldaten werden, und aus den Mädchen Mütter, die möglichst viele Kinder mit blonden Haaren und blauen Augen gebären sollten.
Da immer mehr Soldaten, d. h. Väter von Kindern oder ältere Brüder, im Krieg umkamen, mussten am Ende des Krieges auch Kinder kämpfen. So starben in den letzten Wochen des 2. Weltkriegs tausende 15- und 16-Jährige einen sinnlosen Tod.
Noch eine Woche vor Kriegsende mussten sich in Treffling bei der Erschießung von 18 Widerstandskämpfern Buben der HJ beteiligen. Wofür man in normalen Zeiten als Mörder angeklagt wird, dafür wird man in einem Krieg ausgezeichnet. Heute erinnern Gedenksteine an diese Erschießung. Sie sind rechts neben der Straße in Richtung Lachstatt am Rande des Truppenübungsplatzes in die Erde eingelassen.

Die Kriegszeit aus der Sicht eines Mädchens

Die 4. Klasse der Martin-Boos-Schule gestaltete ein Projekt zum Nationalfeiertag. Die Schülerinnen und Schüler interviewten ihre Großeltern zum 2. Weltkrieg. Die Oma von Oliver Schindlauer erzählte Folgendes:

Als ich so alt war wie du heute, Oliver, war gerade der 2. Weltkrieg. Dieser Krieg dauerte sechs Jahre. Das war keine schöne Zeit. Alle jungen Männer mussten in den Krieg ziehen. Viele kamen nicht mehr zurück.
Die Schule hat uns beauftragt, bei schönem Wetter Heilkräuter für die Soldaten zu sammeln. Es gab nämlich kaum Medikamente.
Am Nachmittag mussten wir oft mit kleinen Kübeln auf die Felder gehen und Kartoffelkäfer einsammeln.
In den letzten Kriegsjahren gab es Fliegerangriffe in den Städten. Sie warfen Bomben. Dann mussten die Schulkinder in den Luftschutzkeller flüchten. Wir fürchteten uns sehr am Schulweg, wenn Tiefflieger kamen. Wir versteckten uns dann sofort im Straßengraben, bis sie wieder weg waren.
Vieles war anders als heute. Es gab Lebensmittelkarten und Kleiderkarten. Es gab nicht so wie heute alles zu kaufen. Jeder konnte nur das kaufen, was zum Leben unbedingt notwendig war. Und musste dafür seine zugeteilten Lebensmittel- oder Kleiderkarten hergeben. Schokolade gab es nur zu Weihnachten.
In den Städten hungerten die Menschen. Wir lebten auf dem Land, auf einem Bauernhof, wo man alles selbst machte. Meine Mutter buk Brot, machte Butter, Käse und die Würste selbst. Wir Kinder gingen in den Wald und pflückten Heidelbeeren, Himbeeren, Brombeeren und Schwammerl. Unsere Mutter machte daraus Saft und Marmelade.

Die Frauen mussten sehr viel arbeiten. Tagsüber in den Fabriken oder bei Bauern. Abends wurde aus alten Sachen Neues geschneidert. Die Schuhe wurden an die Geschwister weitergegeben. Es wurden Pullover und Socken gestrickt. Alles wurde verwertet und nichts weggeschmissen.
Abends mussten alle Fenster verdunkelt werden. Das wurde sehr streng kontrolliert. Wer es nicht machte, wurde von der Polizei abgeholt und eingesperrt. In den Orten und Städten war es dann die ganze Nacht hindurch dunkel. Das war notwendig, um von feindlichen Fliegern nicht entdeckt zu werden. Am Land gab es noch keine Autos. Wir hatten Pferde und eine Kutsche, im Winter zogen die Pferde einen Schlitten. Auf solche Schlittenfahrten freuten wir uns immer sehr. Wir hatten auch schon eine Rodel und Schier, vom Wagner gemacht. Sie waren aber sehr schwer.
Es gab noch keinen Fernseher, aber ein Radio hatten wir schon. Wir hörten im Radio die Nachrichten. Aber die waren meistens falsch. Man wollte den Leuten noch Hoffnung machen, obwohl der Krieg schon verloren war.
Abends saßen alle zusammen in der Stube und wir hatten viel Zeit, um miteinander zu reden. Unsere Mutter erzählte uns viele Geschichten. Daran erinnere ich mich sehr gerne.
Lieber Oliver, ich wünsche mir für dich, dass du eine solche Zeit nie erleben musst!

Im Mai 1945 hatte das bestialische System des Nationalsozialismus auch in Österreich ein Ende. Hitler beging Selbstmord, viele hochrangige Nationalsozialisten wurden verhaftet, viele haben sich auch versteckt oder konnten flüchten. Die Tore der Konzentrationslager wurden geöffnet und die Insassen befreit. Nicht wenige Häftlinge waren krank oder so schwach, dass sie früher oder später starben. In Katsdorf liegen mindestens 44 ehemalige Häftlinge begraben, die nach der Befreiung aus dem KZ Mauthausen in Katsdorf verpflegt wurden und verstorben sind. Auch im Gemeindegebiet von Engerwitzdorf und Gallneukirchen starben ehemalige Häftlinge; ihre Gräber wurden aufgelassen und existieren nicht mehr.

Der 2. Weltkrieg, ausgelöst von Hitler-Deutschland, hat 55 Millionen Menschen das Leben gekostet. Allein die Sowjetunion hatte 28 Millionen Tote zu beklagen, davon 7 Millionen Zivilisten. 6 Millionen Juden wurden in den Gaskammern der Nationalsozialisten ermordet.

316 Menschen, Frauen und Männer, allein aus der Pfarre Gallneukirchen, sind im Krieg umgekommen.

Jedes Dorf, jede Familie hatte Opfer zu beklagen. Die Toten des 1. wie des 2. Weltkriegs sind bei uns meistens auf Denkmälern vor den Kirchen aufgelistet.

Viele Mahnmale tragen die Inschrift: Nie mehr wieder!

Eine gute Gegenwart: Eine noch bessere Zukunft?

Christa hat sich mit dem Nationalsozialismus beschäftigt und ihrem Großvater aufmerksam zugehört. Sie kann gar nicht glauben, dass er in seinem Leben so viel erlebt und kennen gelernt hat, von dem sie keine Ahnung hatte. Eigentlich müsste jeder ältere Mensch sein Leben aufschreiben, dachte sie. Und wie sich das Leben verändert hat, innerhalb nur eines Menschenlebens! – Was werde ich noch alles erleben? Hoffentlich noch viele lustige und erfreuliche Dinge.

Und noch etwas ist Christa klar geworden: Dass die meisten Menschen Jahrhunderte lang nicht tun und lassen konnten, was sie wollten. Sie waren eingespannt in ein gesellschaftliches System wie Zugpferde. Es gab kein Entrinnen. Sie konnten sich weder ihren Wohnort noch ihren Beruf selber wählen. Ihr war klar geworden, dass sie in eine Zeit und in ein Land hineingeboren wurde, in der sie relativ frei und sicher leben kann.
Nach all der Beschäftigung mit Geschichte und mit den Erlebnissen ihres Opas weiß sie, was auf dem Spiel steht. Eine freie und gerechte Gesellschaft fällt nicht vom Himmel. Man muss sich dafür einsetzen und wenn es sein muss, dafür kämpfen.

Hochwasserkatastrophen 2000 und 2002

Städte und Siedlungen sind seit jeher an den Ufern von Meeren, Flüssen und Seen erbaut worden. Sie drängten ans Wasser, als wollten sie daraus trinken. Wasser war eine Voraussetzung für das Leben der Menschen. Vor allem in trockenen Gebieten gingen die Menschen mit dem nassen Element ehrfürchtig um. Vielerorts galt es daher als heilig. Sie erkannten, dass es ohne Wasser kein Leben gibt.
Weil das Wasser fließt und Dinge fort trägt, wurde ihnen aber auch zur Gewohnheit, alles in die Flüsse zu werfen, was sie nicht mehr brauchen konnten. Das Wasser nahm alles mit, „aus den Augen, aus dem Sinn"; sauberes Wasser kam wieder anstelle des schmutzigen. Mülls, Fäkalien, Speisereste und die Kadaver der Tiere wurde man auf diese Weise los.
Die reinigende Kraft des Wassers ist tatsächlich etwas Wunderbares. Wasser vermag sich sogar, bis zu einem gewissen Grad, selber zu reinigen. In meiner Kindheit bekam ich noch

öfter folgenden Spruch zu hören: „Rinnt (verschmutztes) Wasser über neun Steine, ist es wieder sauber."
Natürlich waren die neun Steine nicht wörtlich zu nehmen. Die Neun ist übrigens durch die Dreimaligkeit der heiligen, vollkommenen Drei die Zahl der Vollendung. Deswegen taucht sie in vielen Sprüchen auf, weil man ihr große Macht zuschrieb: Neunerlei Kräuter galten in vielen Gegenden als Schutz für Mensch und Tier auf dem Bauernhof. Und im Mittelalter beispielsweise legte man Kindern nach der Taufe neun verschiedene Körner ins Bad.
Nicht nur für die Beseitigung von Schmutz, auch für das Abwaschen von Sünden spielt seit jeher Wasser eine wichtige Rolle. Durch die christliche Taufe wird der Säugling von der Erbsünde befreit; wer im Ganges badet, wird nach dem Glauben der Hindu von jeder Schuld gereinigt.
Wasser ist Leben und hält uns am Leben. Werden niedliche Bäche und Flüsse nach schweren Regenfällen zu einer unberechenbaren, alles mit sich reißenden Kraft, zeigt das Wasser plötzlich die Kehrseite: Tod und Zerstörung. Dann stehen die Ingenieure, die über das Verbauen der Ufer den Fluss in Schranken weisen wollten, machtlos vor einer Gewalt, über die sie nicht mehr gebieten.
In den Sommermonaten der Jahre 2000 und 2002 war auch das Untere Mühlviertel von verheerenden Überschwemmungen betroffen. Die Große sowie die Kleine Gusen demonstrierten eine nie gesehene Wucht. Felder, Wiesen, Straßen, Brücken und Häuser erlitten großen Schaden oder wurden zerstört. Die Familien Artmayer und Scheuchenegger schrieben damals in der Gemeindezeitung Engerwitzdorf:

„Es ist nun schon mehr als vier Monate her, dass das vom 7. bis 9. und 12. bis 13. August 2002 aufgetretene Hochwasser in Ets-

dorf verheerende Schäden an fünf Häusern angerichtet hat und dieses „Jahrhundertereignis" ist in unserer schnelllebigen Zeit den meisten Menschen schon wieder in Vergessenheit geraten. Aus diesem Grund ist es uns ein besonderes Bedürfnis, nochmals den Helfern ein besonderes Dankeschön auszusprechen. Insbesonders den in Edtsdorf eingesetzten Feuerwehrleuten, welche – auch unter Einsatz ihres Lebens – mit der Zille zu den während der Flut abgeschlossenen Häusern gefahren sind und die dort anwesenden Personen mit dem Notwendigsten versorgt haben. Besonders hervorzuheben als Beispiel vorbildlicher Nachbarschaftshilfe ist die Familie Ernst Lindenberger vulgo Johnsbauer aus Etsdorf Nr. 5, welche den Betroffenen unentgeltlich in diesen schweren Stunden Lebensmittel und Heizmaterial zur Verfügung gestellt und mit den Feuerwehrleuten bei mehreren gefährlichen Zillenfahrten zu den Häusern geliefert hat. Auch allen anderen Helfern und Versorgern aus der Gemeinde Katsdorf sei auf diesem Wege gedankt."

Wasser kann nicht nur in Massen über die Ufer treten, sondern auch durch winzigste Ritzen eindringen. Auch für diese Eigenschaft des Wassers haben die Mühlviertler einen schönen Spruch gefunden: „S'Wossa hod an kloan Kopf!".

Das Floss

„Gib mir den Hammer!", rief Sylvia.
„Peng – Peng – Peng!". Der Nagel verschwand unter den energischen Hammerschlägen von Christa im Brett.
Nun war Sylvia an der Reihe. Sie nagelten an einer Art Rahmen für ein Floß. Es bestand aus vier aufgepumpten schwarzen Schläuchen von alten Autoreifen. Drumherum gaben sie trockene Rundhölzer, auf die sie nun Bretter nagelten. Die Bretter waren zugleich das Deck. Die Schläuche hatten sie sich bei der KFZ-Werkstätte Leonhartsberger in Breitenbruck geholt. Auch die Werkstatt hatte es erwischt. Weitaus schlimmer jedoch die Leute im Haus gegenüber, die Familie Kern, wo die Kleine und die Große Gusen zusammenfließen.
„Was macht ihr da?", fragte neugierig eine Bubenstimme.
„Siehst du das nicht?", entgegnete Christa. Ernsti, ein Bub aus der Nachbarschaft, stand plötzlich mit seinem Scooter vor ihnen. Eigentlich wollte er seine Oma besuchen, die ein paar Häuser weiter vorne wohnt. Im Vorbeifahren hatte er die beiden Freundinnen auf der Wiese mit Holz, Nägel und Hammer hantieren sehen.
„Schaut irgendwie komisch aus", meinte Ernsti.
„Nicht komischer als du mit deinem Scooter!", schnauzte ihn Sylvia an.
„Was ist an einem Scooter komisch? Wenn man ihn anschaut, weiß man wenigstens, was das ist!"
„Na, wenn du nicht selber draufkommst, dann verraten wir es dir. Wir bauen ein Floß."
„Ein Floß?", rief Ernsti erstaunt. „Wollt ihr damit auf das nächste Hochwasser warten?"
„Wär' auch eine Möglichkeit. Nein, eigentlich wollen wir damit auf dem See fahren, der auf der Mitterwies' entstanden ist!"

‚Mitterwies' nennen die Einheimischen jenes Land, das sich zwischen den Ufern der Großen und der Kleinen Gusen unterhalb des Bauernhofes „Zwischengusner" ausdehnt. Der alte Name „Mitterwies" weist darauf hin, dass jene Fläche einmal eine Wiese gewesen sein muss. Heute jedoch erstrecken sich hier nur noch Felder.

Sylvia und Christa legten wieder ein Brett von einem Rundholz zum anderen.
Sylvia drückte das Brett nieder und Christa griff wieder nach dem Hammer. Sie waren bereits ein gut eingespieltes Team. Sie hatten mit Hammer und Säge die ersten Erfahrungen gesammelt, als sie sich ein Baumhaus zusammengenagelt hatten. Ganz allein. Nur Christas Vater hatte ihnen an einigen schwierigen Stellen geholfen.

Wo ein Fluss ist, gibt es auch Hochwasser. Vor allem wenn Schnee schmilzt und Regen dazukommt. Oder bei tagelangem Regen im Sommer. Interessant. Zumindest für Christa und Sylvia. Die Flusslandschaft verändert sich. Dort entsteht eine Bucht, da eine Stromschnelle; Treibholz segelt vorbei. Manchmal sind ganze Stämme samt Wurzeln darunter. Stockenten und Graureiher sind in ihrem Element. Und wenn man Glück hat, kann man den Kopf einer schwimmenden Bisamratte sehen. Die scheuen Tiere flüchten aus ihren überfluteten Bauten, die sie in die Uferböschungen graben.

Weißt du, dass es die Bisamratte noch gar nicht so lang hier gibt? Sylvia weiß es von ihrem Vater. Die Bisamratte stammt ursprünglich aus Nordamerika. Sie wurde Anfang des 20. Jahrhunderts nach Böhmen gebracht und hat sich von dort über ganz Mitteleuropa ausgebreitet. Seit 1912 ist sie auch in den Bächen des Mühlviertels heimisch.

Wie gesagt, ein bisschen Hochwasser ist interessant. Was aber im August 2002 über unsere Gegend hereinbrach, war eine Katastrophe. Vor allem die Rodel, die Aist und die Naarn überfluteten viele Ortschaften.

An der Gusen erwischte es nur einige Häuser. Naturgemäß vor allem jene, die unmittelbar am Wasser standen. Betroffen waren auch viele Mühlen.

Bevor die Kleine und die Große Gusen zusammenfließen, zwischen Au und Breitenbruck, bildete sich ein riesiger See. Das Wasser der Kleinen Gusen floss hinüber in die Große Gusen und umgekehrt. Es riss in einem Feld ein zwei Meter tiefes, 20 Meter langes und bis zu 8 Meter breites Loch. Das sah man natürlich erst, als sich das Wasser wieder in die Flussläufe zurückgezogen hatte. Nicht nur Wasser, sondern auch Fische waren in diesem natürlichen Teich zurückgeblieben. Das riesige Loch mit den lotrecht abfallenden Ufern war eine Sensation. Von nah und fern kamen die Leute, um sich den Teich anzusehen. Dergleichen hatten noch nicht einmal die Ältesten gesehen. Alle waren beeindruckt von der Kraft des Wassers.

Nach zwei Stunden konzentrierter Arbeit war das Floß fertig. Gemeinsam trugen Christa und Sylvia ihre neueste Errungenschaft zum neu entstandenen See. Auch Ernsti half mit, weil er damit rechnete, das Floß benützen zu dürfen.

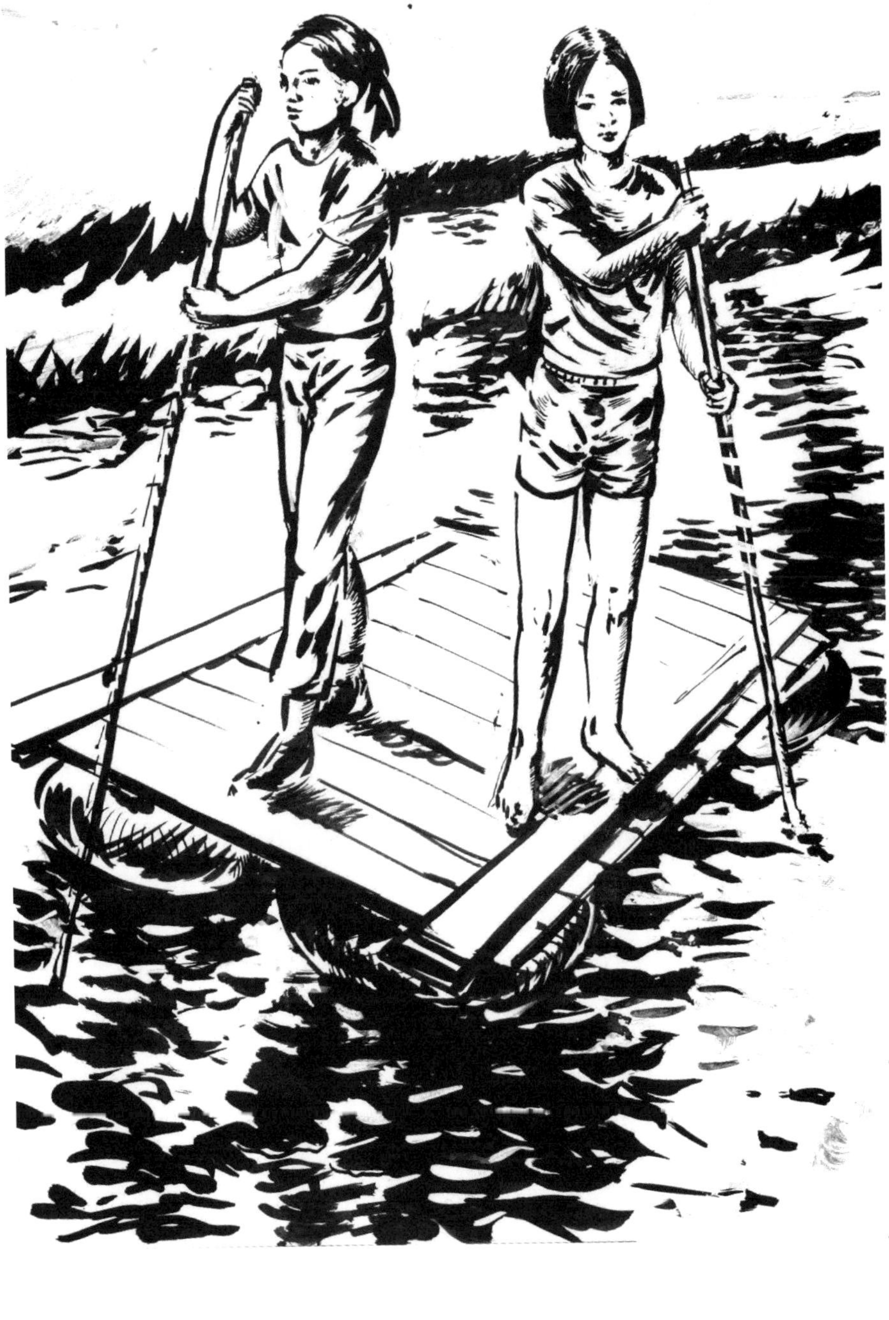

Vorsichtig ließen sie es an einer flachen Stelle ins Wasser. Es schwamm! Einige Minuten später hatte das schwimmende Objekt auch schon das Ufer verlassen. Zwei Mädchen und ein Bub trieben mit langen Stangen, die bis zum Grund reichten, das Fahrzeug vorwärts.

Am Nachmittag sah man die Mädchen mit dem Floß schon auf der Gusen. Hei, das war ein Spaß! Das langsame Treiben auf dem Teich war ihnen zu fad geworden. Sie fuhren auf schnellen Wellen flussabwärts, Richtung Breitenbruck, neuen Abenteuern entgegen.

Unsere kleinen Gemeinden und das große Europa

Was heute in Europa, ja auf der ganzen Welt geschieht, hat auch Auswirkungen auf jeden einzelnen. Vielleicht nicht direkt, sondern zeitverzögert und schwer erkennbar. Ein Leben außerhalb der Gesellschaft ist heute nicht mehr möglich. Daher ist es heute genauso wichtig wie früher, auf jene Vorgänge einzuwirken, die das Leben des einzelnen Menschen regeln. Daher sollten in Europa nicht nur die Wirtschaft, das Geld und die materiellen Interessen im Vordergrund stehen. Wie Menschen miteinander umgehen, wie sie miteinander sprechen, ist genauso wichtig. Die Beschäftigung mit Literatur und Philosophie zählt zu den Eckpfeilern unserer Kultur. Die Künste müssen weiterhin gefördert werden, und Kulturstätten wie Theater und Konzertsäle dürfen nicht nur für eine Elite (für eine reiche Minderheit) zugänglich sein. Europa darf die Errungenschaften der Zivilisation und des sozialen Zusammenlebens nicht aufgeben. Europa muss die Menschenrechte wahren und die Rechte der Kinder absichern. Die Bevölkerung darf Ungleichheit, Arbeitslosigkeit und soziale Ausgrenzung nicht akzeptieren. Weiters muss es sich um das Gleichgewicht zwischen Menschen, Wildtieren und natürlicher Umwelt kümmern. Auch die Haltung jener Tiere, die uns als Nahrung dienen, muss gesetzlich geregelt und von Respekt getragen sein. Das Wohl der Menschheit ist keineswegs gesichert und ist eine Herausforderung für jede Generation. Was kannst du zu einer positiven Entwicklung Europas beitragen?

In Österreich ist seit 60 Jahren Frieden. Du kannst Schulen besuchen, eine Ausbildung machen, einen Beruf erlernen und deine Freizeit sinnvoll verbringen. Die Menschen in Österreich leben ein relativ sicheres Leben. Sie erhalten für ihre Arbeit Geld und Anerkennung. In der Not, zum Beispiel bei Krankheit oder Behinderung, erhalten sie Hilfe. Damit Menschenwürde, Demokratie und Frieden auf Dauer auch für deine Generation Wirklichkeit bleiben, haben sich viele Länder Europas zur Europäischen Union zusammengeschlossen. Viele Probleme können heute nicht mehr innerhalb eines Dorfes, einer Gemeinde oder eines Landes bewältigt werden. Sie können nur durch die Zusammenarbeit der Länder in Europa diskutiert und gelöst werden. Jahrhunderte lang haben die Europäer Kriege geführt und einander unermessliches Leid zugefügt. Es gibt in jeder Gesellschaft nach wie vor Menschen und Gruppierungen, die Hass säen zwischen Menschen und Nationalitäten, für Gewalt eintreten oder egoistisch nur ihre eigenen Interessen verfolgen. Das Prinzip jeder gegen jeden, auch in der Wirtschaft, ist barbarisch und hat immer wieder zu Gewalt und Krieg geführt. Der Blick auf die Vergangenheit sollte für jeden ein Ansporn sein, eine gerechte und friedliche Zukunft zu gestalten.

„Dummheit und Stoiz wochsn auf oan Hoiz" – eine kleine Sammlung alter Sprüche

Was war damit gemeint?
Ergeben diese Sprüche auch in unserer Zeit noch einen Sinn?

Der Apfel fällt nicht weit vom Stamm

Es is ghupft wia gsprunga

Wos ma ned woaß, macht oan ned hoaß

Wer stad foaht, kimd a weida

Wos ma ned im Kopf hod, muaß ma in de Fiaß hom

Ohne Gäd koa Musi

Zweng und zvü is in Noan sei Zü

Wer zoed der foahd

Mit oan Oasch kaun ma ned auf nei Kirda taunzn

Waun d'Katz ausm Haus is, haum d'Mäus Kirda

Wers glaubt, wird säli, wers ned glaubt, kimd a in Hümi

Außen hui, innen pfui

Unkraut vadirbt ned

Wia ma in Bummerl nennt, kimd a grennt

Neigierige Leid sterbm boed

Wer vü redt, liagt vü

Wer laung frogt, geht weit irr

Liawa reich und xund, wia oam und kraunk

Wo da Pfennig gschlogn wiad, da güt a nix

Waun da Teufi wü, geht a a Besnstü los

S'Kind soll ma ned midn Bad ausschüttn

Ned gsodn und ned brodn

He Seppl, geh du voraun, du host de gressan Stüfin aun

Zeittafel

Ältere Steinzeit
Etwa ab 5 000 v. Chr. durchstreifen Jäger und Sammler unsere Gegend.

Jüngere Steinzeit
(4. und 3. Jahrtausend vor Christus): Besiedlung des Mühlviertels von Süden nach Norden. Die ersten Menschen lassen sich im Gallneukirchner Becken nieder. Siedlungen entstehen im Gebiet der heutigen Gemeinden Gallneukirchen, Katsdorf, Unterweitersdorf und Engerwitzdorf.

Bronzezeit (1800– 800 v. Chr.)
Hügelgräber (z. B. im Tumbachholz, bei Radingdorf, in Niederreitern) deuten darauf hin, dass auch damals das Gallneukirchner Becken besiedelt war.

Ab 800 v. Chr.
Besiedlung der Gebiete über 500 Meter (Altenberg, Alberndorf).

Hallstattzeit
Das illyrische Volk der Noriker siedelt im Gebiet der späteren Riedmark.

500 v. Chr.
Zuwanderung der keltischen Boier aus dem Gebiet des heutigen Böhmen.

50 v. Chr.
Die Boier verlassen die Riedmark.

9 v. Chr.
Das erste germanische Volk, die Markomannen, zieht ins nahezu entvölkerte Land. Die Römer herrschen bis zur Donau; es gelingt ihnen nicht, die Markomannen zu unterwerfen und nördlich der Donau Fuß zu fassen. Handelsbeziehungen zwischen Markomannen und Römern (Münzfunde aus Engerwitzdorf).

Völkerwanderung
Die Markomannen verlassen die Riedmark, in der nun sporadisch andere germanische Völker siedeln: Heruler, Quaden, Alemanen, Langobarden (Gräber und Funde bei Gallneukirchen, Mitterkirchen, Schwertberg und Steyregg).

6. Jahrhundert n. Chr.
Einwanderung der Bayern.

646
Der iro-schottische Mönch Gallus stirbt in dem von ihm gegründeten Kloster St. Gallen in der Schweiz. Der Hl. Gallus wird später Kirchenpatron von „Novenkirchen" = Gallneukirchen

9. Jahrhundert
Oberhalb von Au entsteht eine Slawensiedlung mit der Befestigungsanlage Gratz („gradu"= umfriedeter, befestigter Ort). Möglicherweise war Gratz Mittelpunkt eines slawischen Kleinstaates, der von der Gr. Mühl bis zur Ysper gereicht hat. Er musste später der bayrischen Grundherrschaft weichen, die sich immer mächtiger entfaltete.

976 – 1246
Zeit der Babenberger. Ein fränkisches Geschlecht, das mit der Ottonischen Ostmark belehnt worden war. Sie treiben die planmäßige Rodung der Riedmark voran. Gründung vieler Ortschaften. Freie Eigen, die keiner Grundherrschaft verpflichtet sind, entstehen.

1000
Es regnet ungeheure Wassermengen. Die Leute befürchten eine Sintflut und das Ende der Welt.

1111
Erste urkundliche Erwähnung von „Primizlasdorf" (heute Pröselsdorf) und „Windischendorf" (heute Wintersdorf). Der Name Pröselsdorf stammt vom Eigennamen Přemysl.

1115
Erste urkundliche Erwähnung der Riedmark („riedmarchia") und von Treffling als „Threbinicha".

1125
Katsdorf wird erstmals urkundlich erwähnt: Der Edle Heriman von Chazilinisdorf übergibt die von seinen Eltern errichtete Kirche dem Kloster St. Florian. In diesem Zusammenhang auch erste Erwähnung von Gallneukirchen als „Novenkirchen" und von Engerwitzdorf. Weiters wird in dieser Urkunde, in welcher der deutsche König Lothar die Besitzungen des Stiftes St. Florian bestätigt, auch eine „moldendium ad witro" (Mühle in Weitrag) erwähnt.

1135
Die Mühlviertler Bäche, darunter auch die Gusen, trocknen beinahe aus. Fische und Krebse verenden.

1145
Die Edlen von Haunsperg gründen die Burg Riedegg. Das Gebiet der Riedegger erstreckt sich im Norden bis zum Ottenschlager Bergland, im Westen bis Katzbach, im Süden bis zum Rand des Gallneukirchner Beckens (Pfennigberg) und im Osten bis über die Große Gusen.
Die Babenberger übernehmen nach und nach die Besitzungen der Haunsperger und setzen die Rodungen und die Besiedlung fort. Die Hochflächen um Altenberg und Alberndorf werden von „vollfreien Eigensiedlern" in Besitz genommen. Im Nordosten (Hadersdorf, Pröselsdorf) siedeln die Wenden (=Windische), ein südslawisches Volk.

1150 -1200
Die Pfarre Gallneukirchen erreicht ihre größte Ausdehnung; von Kruckenberg im Süden bis an die heutige Grenze zu Tschechien im Norden, vom Haselgraben im Westen bis zur unteren Gusen und zur oberen Feldaist im Osten (dies entspricht etwa dem fünffachen des heutigen Pfarrbereichs). Zu ihr gehören Alberndorf, Altenberg, Hellmonsödt, Hirschbach, Kirchschlag, Leopoldschlag, Neumarkt, Rainbach, Reichenau, Reichenthal, Schenkenfelden und Waldburg.

1171
Erste urkundliche Erwähnung der Ortschaften Weikersdorf, Spattendorf, Kelzendorf und Aich.

1230
Erste urkundliche Erwähnung der Burg Breitenbruck.

1245
Altenberg wird erstmals in einer Urkunde genannt: Ein „Karolus von Alkenperge" scheint als vorletzter Zeuge in einer Bestätigungsurkunde des Bischofs Rüdiger von Passau auf.

1280
Ein außergewöhnlich kaltes Jahr. Saaten werden vernichtet, eine Hungersnot ist die Folge.

1304
Ein Dürrejahr. An manchen Stellen kann die Donau zu Fuß überquert werden.

1344
Erste urkundliche Erwähnung von Hainreich des Swainpechs.

1346
Erste urkundliche Erwähnung des Dietmar von Engelpolcztorf.

1348/49
Erstmaliges Auftreten der Pest im Mühlviertel.

1373
Erste Erwähnung von Simling als „Subinling".

1404
Durch andauernde Regenfälle wird das Getreide vernichtet. Die Menschen hungern, einige sind so verzweifelt, dass sie Selbstmord begehen.

1411
Gallneukirchen erhält das Wochenmarktprivileg; es wird 1510 von Kaiser Maximilian bestätigt.

1413
Mitte Juni fallen die Temperaturen, Kälte vernichtet die Feldfrüchte.

1417
Alberndorf wird erstmals urkundlich erwähnt.

1422 – 1432
Hussiteneinfälle aus Böhmen.

1468
Infolge nasser Witterung verfault das Heu auf den Wiesen.

1494
Pestjahr

1517
Martin Luther fordert in Wittenberg eine Kirchenreform.

1528
Über den „Linzer Steig" wird eine Postverbindung von Linz über Freistadt nach Prag errichtet.

1529
Missernten durch starke Regenfälle. Hungersnot.

1534
Überdurchschnittlich heißer Sommer. Ungeziefer breitet sich aus; Raupen und Heuschrecken verwüsten die Felder.

1541
Pestjahr

1555
Augsburger Religionsfriede: cuius regio eius religio. Die Bewohner eines Landes haben sich nach der Religion dessen zu richten, dem das Gebiet gehört.

1556
Erasmus von Starhemberg steht auf der Seite Luthers. Auch die Pfarre Gallneukirchen wird protestantisch.

1587
Die Weinberger Herrschaft lässt in Hadersdorf einen gemauerten Zehentstadl errichten, der noch heute teilweise erhalten ist.

1595
Bewaffnete „Machland-Bauern" bedrohen Herrschaftssitze und katholische Pfarrhöfe.

1596
Aufstände der Bauern. Auch in Gallneukirchen treffen sich mehrere tausend Bauern, um gegen Missstände zu protestieren. Martin Luther hatte auch Freiheit für alle Christenmenschen verkündet, aber gerade um ihre Freiheit von Untertänigkeit und Knechtschaft sahen sie sich betrogen. Um die Ruhe wieder herzustellen, verfügt der Kaiser mit Edikt vom 8. Mai 1596, dass der Robotdienst auf höchstens 14 Tage im Jahr beschränkt werden müsse.

1626
Bauernkriegsjahr. Seit etwa 80 Jahren ist die Bevölkerung protestantisch. Das Land ob der Enns ist an den Kurfürsten Herzog Maximilian von Bayern verpfändet und von bayerischen Truppen unter dem Kommando des Statthalters Graf Adam von Herberstorff und dessen Stiefsohns Gottfried Heinrich von Pappenheim besetzt. Die Untertanen müssen für die Besatzungstruppen „Garnisonsgeld" zahlen; die Missernten von 1622 und 1623, der außergewöhnlich strenge Winter 1624, das Pestjahr 1625 und das Reformationspatent Kaiser Ferdinand II (entweder bis Ostern Rückkehr zum Katholizismus oder Auswanderung) machen die Situation unerträglich. Das Frankenburger Würfelspiel bringt das Fass zum Überlaufen. Nach anfänglichen Erfolgen scheitert der Aufstand. An die 12.000 Bauern verlieren ihr Leben im Kampf für die Freiheit.

1713
Letztes, besonders fürchterliches Pestjahr in unserer Region.

1741 und 1742
Gefechte in und um Gallneukirchen (Österreichischer Erbfolgekrieg). In den Morgenstunden des 16. Jänner 1742 fallen etwa 200 Franzosen bei einem Gefecht. Das Franzosenkreuz im Park zwischen Jägerzeile und Reichenauerstraße erinnert an den „Franzosen Freydhof".
Der Postverkehr wird unter Maria Theresia vom „Linzer Steig" auf die Alte Landstraße verlegt.

1780
Nach dem Tod seiner Mutter Kaiserin Maria Theresia wird Josef II. Alleinherrscher. Er baut Schulen, Kranken- und Blindenhäuser, mildert die Zensur und schafft die Folter ab. Besonders gegen seine kirchenpolitischen Reformen regt sich bald Widerstand. Nach seinem Tod 1790 werden viele seiner Reformen wieder rückgängig gemacht.

1781
Die Leibeigenschaft der Bauern wird aufgehoben. Auch für den Adel wird eine allgemeine Grundsteuer eingeführt.

1785
Josef II. führt Katastralgemeinden ein. Sie sollten eine gerechtere Einhebung der Grundsteuer ermöglichen.

1789
Beginn der Französischen Revolution. Auswirkungen auf die Herrschaftsverhältnisse im Mühlviertel sind kaum spürbar. Einige Gesetze des Reformkaisers Joseph II. schaffen jedoch Voraussetzungen für spätere Entwicklungen..

1800 – 1806
Franzosen und mit ihnen verbündete Bayern sind wiederholt in Gallneukirchen einquartiert.

1802
Ein äußerst kalter Sommer verhindert das Reifen des Getreides.

1806
Martin Boos wird Pfarrer von Gallneukirchen

1809
Im Mai fallen in Hattmannsdorf 70 mit den Franzosen verbündete Sachsen (Franzosenkreuz beim Sonnleitner). Einen Monat später gibt es erneut einen bewaffneten Vorfall. Eine mit den napoleonischen Truppen verbündete bayrische Patrouille zieht in der Nacht vom 4. auf den 5. Juni durch Gallneukirchen und wird aus dem Hinterhalt von

österreichischen Truppen angegriffen. Ein Offizier und 6 Mann bleiben tot zurück, die österreichischen Truppen ziehen wieder ab. Darauf plant Generalleutnant Freiherr von Wrede eine Strafexpedition gegen den Markt; er ist der Meinung, die Gallneukirchner hätten die Patrouille angegriffen. Er lässt den Markt von 600 Mann umstellen und droht mit dem Niederbrennen des Marktes. Marktrichter Siegmund von Hueber und Kaplan Jakob Brunner nehmen Verhandlungen mit ihm auf und können ihn von der Unschuld der Gallneukirchner überzeugen.

1816
Schulneubau in Gallneukirchen; er umfasst drei Klassenzimmer und eine Dienstwohnung für den Schulmeister, der zugleich Mesner ist. Zu unterrichten sind 189 Schüler.

1824
Aus einem Schreiben des Gallneukirchner Pfarrers Wessiken an das Dekanat und an die Bezirksschulen-Inspektion:

„… eine Reihe von Ortschaften zwischen Pröselsdorf und Steinbach sind 1 3/4 bis 2 Stunden vom Pfarr- und Schulort entfernt, 60 bis 80 Kinder von dort können daher die Schule nur unregelmäßig oder gar nicht besuchen und bereits vor acht Jahren ist in Weikersdorf eine Winkelschule entstanden, wo von einem Webergehülfen ohne pädagogische Kenntnisse und ohne Bildung im Schulfach unterrichtet wird. Dies ohne Aufsicht und Kontrolle."

1825-1832
Bau der Pferdeeisenbahn Linz – Budweis.

1828
Eröffnung der Filialschule in Heinberg.

1832
1. August: Eröffnung der Pferdeeisenbahn Linz – Budweis.

1845
Trennung der Pfarre Alberndorf von Gallneukirchen.

1848
In ganz Europa brechen Revolutionen aus, so auch in Wien. Sie werden niedergeschlagen. Metternich flieht nach Großbritannien, Erzherzog Johann wird Reichsverweser, Ferdinand I. dankt ab und Franz Joseph I. wird Kaiser von Österreich.
In Oberösterreich wählen die Landstände am 23. März einen Ausschuss aus Vertretern des Bürger- und Bauernstandes. Hans Kudlich

stellt am 25. Juli 1848 im österreichischen Reichstag in Wien den Antrag über die Aufhebung des Untertanenverhältnisses. Am 26. Juli 1848 hält er dort eine ausführliche Rede zur Begründung seines Antrages auf die Bauernbefreiung. Am 27. September 1848 wird das Gesetz über die Aufhebung der Grundlasten erlassen, und mit Patent vom 7. März 1849 wird als Ergänzung dieses Gesetzes das Jagdrecht auf fremdem Grund und Boden aufgehoben.

1849, 17. März
Provisorisches Gemeindegesetz: „Die Grundfeste des freien Staates ist die freie Gemeinde." Daraufhin entstehen überall neue Gemeinden, erstmals werden Bürgermeister gewählt. Wahlberechtigt sind nur Männer über 24 Jahre, die schon mindestens ein Jahr lang Steuern an die Gemeinde zahlten. Wählen können also nur Grundbesitzer und Gewerbetreibende: Landarbeiter, Taglöhner und Inwohner sind vom Wahlrecht ausgeschlossen. Geburtsjahr der Gemeinde Unterweitersdorf.

1850
Die unter Kaiser Josef II im Jahr 1784 geschaffenen Katastralgemeinden Steinbach, Pröselsdorf und Oberndorf vereinigen sich zur politischen Gemeinde Alberndorf. Durch die Zusammenfassung der Katastralgemeinden Engerwitzdorf, Holzwiesen, Klendorf und Niederkulm entsteht die heutige Gemeinde Engerwitzdorf.
Die Katastralgemeinde Bodendorf wählt ihren ersten Bürgermeister (erst 1938 wird das Gemeindegebiet in Katsdorf umbenannt).
Die ersten Gemeindevertretungen werden gewählt, aber auf Grund der neoabsolutistischen Verfassung gleich wieder entmachtet. Bis 1860 ist der Bürgermeister dem Bezirkshauptmann weisungsgebunden.

1862
Eröffnung einer evangelischen Schule in Weikersdorf. Der Schweizer Jakob Bollinger wird erster Lehrer; Ankauf des ehemaligen Starhembergischen Pflegschaftsgerichtsgebäudes als Pfarr- und Bethaus; als Betsaal dient der frühere Gerichtssaal, in dem die Verhandlungen gegen Boos und die Boosianer stattgefunden haben.

1867
Einführung des Parlamentarismus in Österreich-Ungarn; der Kaiser versucht jedoch auf der Ebene der Gesetzgebung die Entstehung oppositioneller politischer Gruppierungen zu verhindern.

1871
Ludwig Schwarz wird erster evangelischer Pfarrer in Weikersdorf

1872, 15. Dezember
Der Betrieb der Pferdeeisenbahn wird endgültig eingestellt.

1879
Josef Gilhofer, der letzte „Boosianer", stirbt im Alter von 93 Jahren.

1887
Die Hartwagner-Mühle erzeugt bereits elektrischen Strom. Sie zählt in der Monarchie zu den größten Mühlen im oberösterreichischen Raum und liefert ihr Mehl bis nach Gmunden.

1890
Eröffnung des Asyls unter der Bezeichnung „Martinstift" im ehemaligen Hofbauerngut auf dem Linzerberg.

1893
Der in Alberndorf geborene Komponist und Orgelvirtuose Pater Oddo Loidol stirbt mit 34 Jahren. Er war mit Anton Bruckner befreundet und komponierte Messen, Streichquartette und Chorwerke.

1907
Das allgemeine (Männer-)Wahlrecht wird eingeführt.

1909
Nach langwierigen Verhandlungen mit dem Innenministerium wird der Bau der Prager Bundesstraße begonnen.

1912
nahm der erste Postautobus von Linz nach Gallneukirchen und Alberndorf den regelmäßigen Verkehr auf.

1913, 15. März
Großbrand in Pröselsdorf. 6 Höfe brennen nieder.

1914, 28. Juni
Ermordung des österreichischen Thronfolgers Franz Ferdinand und dessen Gattin in Sarajewo.

1914 – 1918
1. Weltkrieg

1917
Die evangelische Gemeinde kauft die ehemalige Baumwollspinnerei Kann in Oberndorf. In dem Gebäude wird unter den Bezeichnungen „Friedenshort" und „Emmaus" ein Heim für körperlich und geistig behinderte Erwachsene eröffnet. Ein Jahr später wird das ehemalige Stationsgebäude der Pferdeeisenbahn angekauft.

1918, 12. November
Ausrufung der Republik. Reformen unter dem ersten Sozialminister Ferdinand Hanusch bringen eine Neugestaltung des sozialen Lebens: Achtstundentag, Arbeiter-Urlaubsgesetz, Arbeitslosenversicherung, Betriebsrätegesetz u.s.w.

1919
Einführung des Frauenwahlrechts.

1921, 23. Juli
Streik der Landarbeiter des Rekonvaleszentenheimes in Katsdorf.

1926
Die Postautolinie Linz – Altenberg – Reichenau – Schenkenfelden wird in Betrieb genommen.

1929
Für Altenberg wird am 1. Mai 1929 am Gendarmerieposten die 1. Radiostelle errichtet.

1930
„Fürst" Ernst Rüdiger Starhemberg, der 1923 in München am Hitlerputsch teilgenommen hatte, wird Bundesführer der Heimwehr. Am italienischen Faschismus orientiert, trat die Heimwehr im Programm von Korneuburg für eine autoritäre Führung und eine ständische Gliederung des Staates ein.

1934, 12. Februar
Letztes Aufflackern der längst in die Defensive gedrängten Demokratie. Der geplante Generalstreik kommt jedoch nicht zustande. Kämpfe in Steyr, im Hausruck-Kohlenrevier und in Linz. Heimwehrleute aus Engerwitzdorf und Gallneukirchen begeben sich nach Linz, um gegen die im Schutzbund organisierten Arbeiter zu kämpfen. Einen Tag später sind alle Kämpfe vorüber. Die Demokratie ist abgeschafft und Österreich geschwächt. Das Land wird so 1938 eine leichte Beute des Nationalsozialismus.

1938, 12. März
Deutsche Truppen überschreiten die Grenze nach Österreich.

1939, 1. September
Beginn des 2. Weltkriegs.

1941
Abtransport von 60 Zöglingen aus den evangelischen Anstalten für Behinderte nach Hartheim zur Euthanasie. Schwester Irma flüchtet mit neun Pfleglingen durch eine Hintertür und bringt sie in Sicherheit.

1945, 2. Februar
Ausbruch von rund 570 russischen Offizieren aus dem „Todesblock" des KZ Mauthausen. SS, Volkssturm und Freiwillige beginnen eine unmenschliche Hatz auf die Flüchtenden; diese werden wie die Hasen abgeschossen („Mühlviertler Hasenjagd"). Auch durch das Gemeindegebiet von Katsdorf, Engerwitzdorf und Gallneukirchen versuchen viele nach Norden in das Protektorat Böhmen und Mähren zu flüchten.

8. Mai
Bedingungslose Kapitulation Deutschlands. Ende des 2. Weltkriegs in Europa. Ende der nationalsozialistischen Gewaltherrschaft.
Auf der „Eigner Hoet" (d. i. die Weide unterm Hang, der sich zum Bauernhof am Linzerberg hinaufzieht), zwischen der Bundesstraße und der Gusen, entsteht ein riesiges Sammellager: US-amerikanischen Streitkräfte treiben hier 15.000 Gefangene der SS und der Deutschen Wehrmacht zusammen. Am 14. Mai werden sie von Gallneukirchen durch Unterweitersdorf nach Norden gebracht und bei Lest den Sowjets übergeben. Einige können unbehelligt fliehen, 28 Soldaten werden zwischen Gallneukirchen und Pregarten erschossen.

1945 – 1955
Österreich ist von den Siegermächten besetzt. Das Mühlviertel gehört zur sowjetischen Zone.

1950
Ende der Lebensmittelrationierung nach 13 Jahren (Kaloriensätze der Nachkriegszeit: Mai 1945: 800 Kalorien, Sept. 1945: 1500 Kalorien; als Existenzgrundlage wurden 1600 Kalorien angesehen).

1958
Tod des Dichters und Heimatforschers Prof. Franz Jäger. 1880 in Gallneukirchen geboren, unterrichtete er am Akademischen Gymnasium in Linz Deutsch, Latein und Griechisch und war Herausgeber der „Riedmark-Hefte".

In den sechziger Jahren beginnen sich das Leben der Menschen und ihre Arbeitswelt radikal zu verändern. Damit verbunden ändern sich auch die Gestalt der Dörfer und die Struktur der Landschaft. Viele schöne alten Bauten und Möbel werden bedenkenlos vernichtet. Die alten Weiler, Streusiedlungen und Haufendörfer sind durch die vielen Neubauten in ihrer charakteristischen Form kaum noch zu erkennen. Neue Straßenbauten, Erdbewegungen, die Autobahn, Zersiedelung sowie die Agrarindustrie verändern das Aussehen der Landschaft nachhaltig.

1994, 12. Juni
Volksabstimmung über die EU-Mitgliedschaft Österreichs. 66 % Zustimmung.

1995, 1. Jänner
Österreich wird Mitglied der EU.

2000 und 2002
Hochwasserkatastrophen im Gusental.

Quellen und weiterführende Literatur:

Alberndorf, Gemeinde (Hrsg.):
Alberndorf in der Riedmark, Alberndorf 2001
Bertlwieser, Fritz:
Mühlen – Hämmer – Sägen, Haslach 1999
Brandl, Josef (Redaktion):
Altenberg bei Linz. Ein Heimatbuch. Altenberg 1995
Breier, Eduard:
Kalchgruber. Der alte Überall und Nirgends. Hrsg. Fritz Fellner und Peter Himmetsberger, Weitra 1993
Cerwenka, Kurt:
Die Fahne ist mehr als der Tod. Erziehung und Schule in „Oberdonau" 1938 – 1945. Grünbach 1996
Fitzinger, Gottfried (Redaktion):
Gallneukirchen. Ein Heimatbuch für die Gemeinden Gallneukirchen, Engerwitzdorf, Unterweitersdorf und Alberndorf, Gallneukirchen 1982
Gindlstrasser, Franz:
Denkmäler und Schicksale aus Katsdorf und Umgebung, Katsdorf – Linz (o. A. z. Erscheinungsjahr)
Höllhuber, Alfred:
Holzburgen, Freibauernsitze im Unteren Mühlviertel (o. A. z. Erscheinungsjahr)
Kaftan, Erika:
Wanderungen in der Sagenwelt des Mühlviertels, Linz 1996
Kramer, Josef (Hrsg.):
Das Mühlviertel in seinen Sagen, Weitra 1992
Kühnel, Harry:
Alltag im Spätmittelalter, Graz 2003
Loidl, Helmut:
Reise in die Wunderwelt der Gotik, Linz 2002
Milfait, Otto:
Das Mühlviertel. Sprache, Brauch und Spruch, Grünbach 1994
Milfait, Otto:
Die Mühlen, Sägen und Hämmer im Tal der Großen Gusen, Gallneukirchen 2002
Munninger, Eduard:
Die Beichte des Ambros Hannsen, Roman über den Bauernkrieg 1635, Wels 1984

Pfeffer/Kleinhanns:
Budweis – Linz - Gmunden. Pferdeeisenbahn und Dampfbetrieb auf 1106 mm Spurweite, Wien 1982
Reichl, Leo:
Die KZ-Grabanlage auf dem Friedhof in Katsdorf aus dem Jahre 1945, Katsdorf 2000
Reichl, Leo:
Erinnerungen an Ereignisse und Luftangriffe im 2.Weltkrieg und die Befreiung der KZ-Lager Gusen und Mauthausen und an Nachkriegsereignisse im Jahre 1945, Katsdorf 2003
Stadtgemeinde Gallneukirchen (Hg):
Aigner Halde: damit kein Gras darüber wächst. Mit einem Essay von Richard Wall, Grünbach 2006
Steinlechner, Waltraud:
Pferdeeisenbahn-Wanderweg, St. Pölten 2000
Wall, Richard:
Die „Mühlviertler Hasenjagd" in den Gemeinden Gallneukirchen und Engerwitzdorf, Recherchen und Interviews, Manuskript, 2000

Richard Wall, geb. 1953 in Engerwitzdorf, lebt in Au bei Katsdorf. Div. Schulen und Studien, Mag. art., Kunsterzieher. Ausstellungs- und Mail-Art-Projekte mit Hans Eichhorn, Thomas Kröswang, Christoph Raffetseder sowie Anna & Karel Kocourkovi (Pilsen).

Zahlreiche Lesungen und Veröffentlichungen in Literaturzeitschriften und Anthologien.

Teilnahme am Internationalen Poesiefestival „Poezie bez hranic" in Olmütz 2002.

10 Buchveröffentlichungen (u. a.):
„Wittgenstein in Irland", Klagenfurt 1999 und Reaktion Books, London 2000;
„Klemens Brosch oder Eine Einübung ins Unmögliche", Klagenfurt 2001;
„Anonymní inventury – Anonyme Inventuren", Gedichte deutsch-tschechisch, mit Graphiken des Autors, Pilsen 2004;
„Am Rande", Gedichte, Rimbaud Verlag, Aachen 2006;
„Rom. Ein Palimpsest", Roman, Kitab Verlag, Klagenfurt 2006.

Dank an: Mag. Walter Böck, Sylvia Hanl, Mag. Rupert Huber, Erwin Schwarz, Hanni und Johann Wögerbauer, Christa Wall, Josef Wall, Monika Wall-Penz, Heidi und Norbert Weidinger.

Christoph Raffetseder, geb. 1961 in Gallneukirchen.
Bildhauereistudium an der Hochschule für künstlerische und
industrielle Gestaltung.
Sommerakademie Salzburg (Georg Eisler);
seit 1995 Zeichnung als künstlerischer Schwerpunkt.

Ausstellungen im In-und Ausland (u. a.):
Künstlerhaus Wien; OÖ Kunstverein; Egon Schiele Art Centrum
Cesky Krumlov; Diözesanmuseum, Passau.

Teilnahme an verschiedenen Kunstprojekten (u. a.):
„Die Kunst der Linie";
Station „Z" Gallneukirchen;
„StiftER – ein Portrait", OÖ Kunstverein, Linz;
„Der Schatten im Licht", Kubinhaus Zwickledt;
Internationales Integratives Kulturfestival Sicht:wechsel, Linz.

Buch- und Plakatgestaltungen.
Gestaltung des Mahnmales für den Frieden, Gallneukirchen.

Als Musiker Mitglied in mehreren Formationen (u. a.):
Willi Warma, YO-YO, Geranium kiss;
Tourneen in Mitteleuropa.

Dank an Miriam Jana Sophia Raffetseder und Mag.[a] Gabriele Raffetseder-Amesberger.

Erwin Bindreiter
Was Opa und Oma erzählen
Mühlviertler Leben vor fünfzig Jahren

Die SchülerInnen der HS Pabneukirchen erhielten den Auftrag, von ihren Großeltern ein Foto samt der dazugehörigen Geschichte zu erbitten.
Herausgekommen ist dabei ein Kaleidoskop von Einblicken in das Leben vor 50 Jahren. Es umfasst die Stationen des Menschenlebens ebenso wie eine Vielzahl von Berufen und das bäuerliche Arbeitsjahr samt seinen festlichen Höhepunkten.
Diese Sammlung ist, weit über ihr eigentliches Entstehungsgebiet hinaus, repräsentativ für weite Teile des Mühlviertels.

Gebunden, über 200 Seiten € 19,50

Fred Gräfner
Mein Mühlviertel
Geschichten und Gedichte

„Da musste ich erst nach Spanien ziehen, um das Mühlviertel kennen zu lernen. Nein, es liegt nicht in Spanien, sondern zwischen Passau und dem Böhmerwald in Österreich. Aber ich kenne es jetzt sehr gut und fühle mich fast heimisch, wenn ich ans Mühlviertel denke.
Warum? Ich las das Manuskript von Fred Gräfner. Er beschreibt seine Heimat in solch wunderbaren Geschichten, dass sie einem nicht nur die Gegend, sondern auch den Menschen Fred Gräfner näher bringen. Teils lustige, teils tiefsinnige Lyrik und einige weitere Geschichten aus dem Leben des Autors runden dieses auch mit wunderschönen Zeichnungen versehene Werk ab."
Gerhard Pollheide

Gebunden, 170 Seiten , € 17,90

Walter Kohl
Die Poldi
Das Leben einer Linzer Arbeiterin

In seiner ebenso engagierten wie einfühlsamen Schreibweise schildert Walter Kohl das Leben der Linzer Arbeiterin Leopoldine Feichtinger. Die Frau wurde 1920 geboren und durchlebte in ihrer Kindheit und Jugend die elendeste Zeit des vorigen Jahrhunderts. Aber auch nach dem Krieg waren die Arbeiter noch lange nicht auf Rosen gebettet.
Doch die Poldi bewältigt ihr Leben im aufrechten Gang und zeigt auch noch an ihrem Lebensabend, dass man im rasenden Trubel der „Geiz-ist-geil-Zeiten" Würde bewahren kann.

Gebunden, 142 Seiten, € 18,50

Walter Kohl
Auch auf dich wartet eine Mutter
Die Familie Langthaler inmitten der Mühlviertler Hasenjagd

Der Ausbruch von 419 sowjetischen Häftlingen aus dem KZ Mauthausen in der Nacht zum 2. Februar 1945 und die sogleich einsetzende gnadenlose Verfolgung der Flüchtigen wurde von der SS selber als „Mühlviertler Hasenjagd" bezeichnet. Während sich Teile der einheimischen Bevölkerung an dem grausamen Massenmord beteiligten, nahm die Familie Langthaler in Winden bei Schwertberg zwei der Flüchtigen in ihr Haus auf und hielt sie unter Lebensgefahr bis Kriegsende dort versteckt. Walter Kohls Buch basiert auf ausführlichen Gesprächen mit den noch lebenden Angehörigen der Familie Langthaler sowie dem damaligen Flüchtling Michail Rybtschinskij.

Gebunden, 138 Seiten, € 18,50

Johanna Schobesberger
Auf der Regenstraße
Geschichten vom einfachen Leben

Johanna Schobesberger – ein scheinbar einfaches Leben:
Aufgewachsen auf einem Mühlviertler Kleinbauernhof, Berufsausbildung zur Schneiderin, einen Voestler geheiratet, Häusel gebaut, Kinder gekriegt, geschieden ...
Viel einfacher gehts fast nicht –
Nur: Für Johanna Schobesberger war in diesem Kräftevieleck gar nichts einfach. Ihre autobiografischen Geschichten geben den Blick frei auf ein ungeheuer mühsames Leben, überschattet von biografischen Katastrophen, aber auch auf eine Frau, die sich in ihrem Mut zum aufrechten Gang nicht unterkriegen lässt.

Gebunden, 120 Seiten, € 14,90

Friederike Haiberger
Bei uns in Plötzenreith
Ein geredeter Roman

An einem Sommermorgen des Jahres 1960 beginnt für Regina „der Ernst des Lebens": Sie tritt in Linz einen Posten als Haushaltshilfe an. Von diesem Morgen an kann ihr der Leser über vier Jahre lang, bis sie achtzehn ist, regelrecht zuhören, wie das Aufwachsen in einem Mühlviertler Dorf damals war. Das Buch ist ein einzigartiger und völlig ungenierter Monolog, die Regina redet, wie ihr der Schnabel gewachsen ist, und wir erfahren, wie das junge Leben funktionierte, als es noch keine Beatles, kein Ö3 und keinen Minirock gab.

Gebunden, 248 Seiten, € 19,50